1일
1단어
1분으로 끝내는
금융공부

1일 1단어 1분으로 끝내는 금융공부

초판 1쇄 발행 2023년 10월 27일
초판 3쇄 발행 2024년 10월 16일

지은이 이혜경
펴낸이 김종길
펴낸 곳 글담출판사 **브랜드** 글담출판

기획편집 이경숙 · 김보라 **영업** 성홍진
디자인 손소정 **관리** 이현정

출판등록 1998년 12월 30일 제2013-000314호
주소 (04029) 서울시 마포구 월드컵로8길 41 (서교동 483-9)
전화 (02) 998-7030 **팩스** (02) 998-7924
블로그 blog.naver.com/geuldam4u **이메일** geuldam4u@geuldam.com

ISBN 979-11-91309-50-8 (44080)
　　　979-11-91309-15-7 (세트)

만든 사람들
책임편집 김보라 **디자인** 손소정 **교정교열** 상상벼리

글담출판에서는 참신한 발상, 따뜻한 시선을 가진 원고를 기다리고 있습니다.
원고는 아래의 투고용 이메일을 이용해 보내주세요. 여러분의 소중한 경험과 지식을 나누세요.
이메일 to_geuldam@geuldam.com

1일

1day ×

1단어

 1word ×

1분 으로 끝내는

 ×

금융공부

이혜경 지음

글담출판

머리말

저는 경제 가운데서도 특히 어렵다고 하는 금융과 투자 분야에서 오랫동안 기자로 일했습니다. 금융은 경제가 잘 돌아가게 하는 혈액과 같아요. 문제가 생겨서 피가 잘 돌지 못하면 사람은 생명을 유지할 수 없지요. 마찬가지로 사회 전체는 물론이고, 개개인의 금융 상황이 좋은지 나쁜지 우리는 항상 관심을 갖고 있어야 합니다. 하지만 어렵다는 선입견이 있어서 그런지 금융은 청소년에게 별로 인기 있는 주제는 아닌 것 같아요.

제 조카가 고3이었을 때 당시 학교에서 배우는 경제 과목에 대해 이야기를 나눈 적이 있습니다. 경제는 선택 과목인데 재미없을 것 같아서 선택하지 않았다고 하더라고요. 조카 이야기에 따르면 경제를 선택한 친구들마저도 경제 과목은 재미없고 어렵다고 하더랍니다. 기본적인 경제마저 이렇게 생각한다면 나중에 금융이나 투자와는 어떻게 친해지려나 하고 걱정을 많이 했어요.

그래서 글담출판사에서 '금융 공부'에 대한 집필 의뢰를 받았을 때 너무나 반가웠답니다. 꼭 알아두면 도움이 될 만한 기본적인 금융 개념을 100가지로 정리해서 쉽게 알려준다는 취지였으니까요. 그래서 저는 이 책을 금융 분야에서 오랫동안 글을 써온 이모가 조카와 그 친구들에게 이야기해준다고 생각하면서 썼답니다.

유교 문화권인 동북아시아에 속한 대한민국에서는 돈에 대해 이야기하는 것을 점잖지 못하다고 여기는 분위기가 어느 정도 있다고 생각합니다. 하지만 지난 수십 년 동안 경제 위기, 금융 위기, 코로나-19 팬데믹 등을 경험하면서 평생직장은 없고 은퇴 이후의 삶이 불안하다는 사실을 많은 사람이 느끼게 되었지요. 금융과 투자의 세계는 어른이 되면 자연스럽게 알 수 있는 것인 줄 알았는데, 막상 어른이 되어 보니 이런 지식은 관심을 갖고 공부하지 않으면 기억에 잘 남지 않고 익숙해지기도 어렵습니다. 그래서 사회에 나오기 전에 일찍 익혀둔다면 살아가면서 큰 힘이 될 거라고 생각합니다.

이 책은 아홉 개의 장으로 구성했어요. 제1장에서는 꼭 알아두어야 할 금융의 기본 개념들을 살펴봅니다. 제2장에서는 다양한 금융 상품들의 특징을 알아봅니다. 제3장에서는 금융이 발전해온 역사와 국내외에서 일어난 중요한 금융 사건들을 살펴보고, 제4장에서는 이름난 금융인과 투자자 등 금융계의 전설들을 알아봅니다. 제5장에서는 뉴스에서 종종 볼 수 있는 다양한 금융 지표들이 무엇을 의미하는지 알아봅니다. 제6장에서는 알고 보면 하는 일이 다양하게 나뉘어 있는 여러 가지 유형의 금융 기관들을 속속들이 살펴봅니다. 제7장에서는 어렵게만 느껴지던 금융 이론과 현상들을 가볍게 훑어봅니다. 제8장에서는 금융 정책과 제도에 어떤 것이 있으며 이것이 우리의 실생활과 어떻게 연결되어 있는지 알아봅니다. 마지막 제9장에서는 핀테크, 가상 자산, 조각 투자 등 금융을 둘러싼 최신 이슈들을 점검해봅니다.

재미없는 금융 이론이나 금융 산업, 투자에 대해 잘 모르더라도 우리가 살아가는 데 큰 문제는 없을 수 있어요. 하지만 이런 이슈에 미리 관심을 갖고 공부한다면 어느 날 갑자기 거래하던 은행이 망하거나 투자한 주식이 상장 폐지되어 큰 피해를 입는 사태를 미리 막을 수 있을 것이라 생각합니다. 모쪼록 이 책이 여러분의 건강한 금융 생활에 밑거름 역할을 할 수 있기를 바랍니다.

이혜경

차 례

2장   금융 상품

W

3장 금융의 역사와 주요 사건

4장 금융계의 전설

5장 금융 지표

6장 금융 기관

9장 금융의 미래

1장

금융 개념

☑ 금융
☐ 금리
☐ 저축
☐ 투자와 투기
☐ 신용과 신용 등급
☐ 자산과 부채
☐ 무역
☐ 통화
☐ 신용 창조
☐ 신용 경색
☐ 지급 결제
☐ 금융 시장
☐ 재테크
☐ 회계

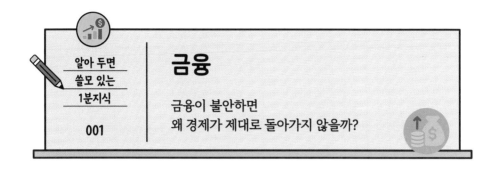

금융

금융이 불안하면
왜 경제가 제대로 돌아가지 않을까?

우리가 돈을 맡기거나 빌리기 위해 찾아가는 곳이 바로 은행입니다. 은행, 증권 회사, 보험 회사 같은 곳을 흔히 금융 회사 또는 금융 기관이라고 하죠. 여기서 말하는 '금융'이란 대체 무엇일까요? 『표준국어대사전』에서 '금융'을 찾아보면 '금전을 융통하는 일'이라고 나와 있어요. 더 자세하게는 '이자를 붙여서 자금을 대차하는 일과 그 수급 관계를 이른다'고 하네요.

사전의 뜻풀이를 좀 더 쉽게 설명하면, 금융이란 다른 사람에게 이자를 받고 돈을 빌려주고 이렇게 빌린 돈을 갚는 관계를 뜻하는 말이에요. 일정한 기간을 정해서 그 기간까지 원금을 얼마나 빌려주고 이자는 어느 정도 받으며, 빌린 돈은 어떻게 갚을지를 서로 합의해서 자금을 주고받는 과정 전체를 이야기하는 것입니다.

여러분은 혹시 '돈은 돌고 돌아다니는 것이라서 돈'이라는 말을 들어본 적이 있나요? 금융이 무엇인지 잘 보여 주는 말입니다. 돈은 어느 한군데에 가만히 머물러 있는 게 아니라 이자를 벌어들이면서, 돈을 많이 보유한 곳에서 돈이 필요한 곳으로 계속 옮겨다니거든요. 즉 금융은 돈이 흘러 다니는 상태라고도 할 수 있어요. 일상적으로는 신용을 바탕으로 돈을 빌려주거나 빌리는 거래를 말하고요.

사람이 건강하려면 온몸의 혈액 순환이 잘되어야 합니다. 그래야 우리 몸 곳곳에 산소와 각종 영양분을 잘 공급할 수 있거든요. 경제도 마찬가지랍니다. 기업이 물건을 생산하거나 소비자가 마트에서 물건을 구입하려면 돈이 필요하지요. 그런데 돈이

금융은 자금을 빌려주고 갚는 모든 거래다

없다면 기업이나 소비자는 필요한 자재나 물건을 구하기가 어려울 거예요. 그러면 공장이 멈추고 물건을 생산하지 못하겠지요. 또 마트에 물건이 있더라도 소비자가 그 물건을 살 돈이 없다면 역시 시장은 멈추고 소비자는 일상생활을 하기 어려울 거예요.

하지만 기업과 소비자가 부족한 돈을 금융 회사에서 빌릴 수 있다면 당장 돈이 없더라도 이러한 경제 활동은 문제없이 이루어집니다. 따라서 금융은 경제가 원활하게 움직일 수 있도록 도와주는 중요한 역할을 합니다. 금융을 흔히 '경제의 혈액'이라고 하는 이유랍니다.

한편, 이따금 국가 차원에서 중장기적인 계획을 세워서 돌보아야 하는 비상 경제 상황이 발생할 때가 있는데요. 예를 들면 국가 경제에 미치는 영향이 아주 큰 기업이 자금난에 빠진 경우, 민간 금융 회사 입장에서는 빌려준 돈을 떼일까 봐 아무도 위기에 빠진 기업에 돈을 빌려주지 않으려는 상황이 벌어지기도 합니다. 그 기업이 무너져서 나라 전체가 불안정해질 수 있다면 정부는 국민 세금으로 조성한 공적 자금을 해당 기업에 빌려줘서 위기를 넘길 수 있게 도와주기도 해요. 우리나라에서는 민간이 하기 어려운 이런 역할을 한국 산업 은행이나 예금 보험 공사 같은 공공 금융 기관에서 맡고 있답니다.

금리

금리가 오르면
엄마는 왜 치킨을 덜 사주실까?

은행 계좌에 돈을 넣어 두면 일정 기간마다 약간의 이자를 받을 수 있습니다. 이처럼 원금에 대해 지급되는 일정 기간의 이자를 비율로 표시한 것을 '금리'라고 합니다. 다른 말로 '이자율'이라고도 해요.

금리는 '돈의 가격'을 뜻하기도 해요. 돈을 빌려주거나 빌릴 때 대가를 어느 정도로 책정할 것인지 보여 주기 때문인데요. 예를 들어 은행에서 연간 이자율 5퍼센트에 100만 원을 1년 동안 빌린다고 해봅시다. 이는 100만 원의 5퍼센트인 5만 원을 내고 은행에서 100만 원을 받아다가 1년 동안 사용할 권리를 구입했다고 볼 수 있어요.

금리는 우리의 일상에도 많은 영향을 줍니다. 금리가 낮을 때는 싼값에 돈을 빌릴 수 있기 때문에 사람들이 저렴하게 빌린 자금으로 주식에 투자하거나 부동산을 사들일 수 있습니다. 사고 싶어 하는 사람들이 많아지면 그 투자 대상은 가격이 올라가요. 그래서 금리가 낮아지면 주가와 부동산 가격이 오릅니다. 그러면 물가도 들썩이죠. 금리도 낮은데 투자 성과까지 좋아지면 사람들이 소비도 늘려요.

반면에 금리가 높을 때는 돈을 빌리는 비용이 커지니까 주식이나 부동산에 투자할 여유가 없습니다. 투자 수요가 움츠러들면 주식이나 부동산을 팔려고 내놓는 사람들이 많아집니다. 그래서 금리가 올라가면 주가와 부동산 가격은 떨어져요. 물가도 하락하고요. 이런 분위기에서는 소비도 줄어요. 자동차나 주택 구입 등 큰돈이 드는 소비를 할 때는 주로 금융 회사에 이자를 내고 대출을 받기 마련인데, 금리가 오르면 이자 부담이 커지거든요. 이런 상황에서는 이자 부담 때문에 생활비를 아끼는 사람들이 늘어납니다. 엄마가 전보다 치킨을 덜 사줄 가능성이 높아지는 거죠. 한편 은행에 예금하려는 사람들은 늘어나요. 금리가 높아지면 같은 원금을 맡겨도 더 많은 이자를 받을 테니까요.

금리는 한마디로 돈의 가격을 말한다

노년층 가운데는 직장 은퇴 후 퇴직금 등을 은행에 맡기고 여기서 나오는 이자 소득으로 생활하는 분들도 꽤 있어요. 이런 분들은 금리가 내려가면 그만큼 소득이 줄어들고 금리가 올라가면 이자 소득이 늘지요.

은행에서 돈을 빌릴 일이 많은 기업도 금리에 민감합니다. 금리가 낮으면 새로 공장을 짓거나 사업을 확장할 때 필요한 자금을 조달하는 비용, 즉 은행에서 빌린 돈에 대한 이자 부담이 줄어들기 때문에 유리해져요. 반대로 금리가 높으면 자금을 조달하는 비용이 전보다 많아지니까 부담이 커지겠지요. 그러면 신규 사업에 대한 투자가 위축될 가능성이 높아져요. 사업 투자가 위축되면 고용이 줄어들어서 실업률이 높아질 수도 있답니다.

금리는 한 국가 내 경제뿐 아니라 국가 간 자본 이동에도 영향을 줍니다. 여러 국가에 투자하는 사람들은 수익률이 더 높은 국가에 투자할 거예요. 예를 들면 우리나라와 미국에 모두 투자하는 투자자인 경우, 두 나라 중에 금리가 더 높은 국가에서 투자하는 거죠. 같은 돈을 은행에 예금한다면 한국보다 미국의 은행에서 더 많은 이자를 받을 수 있을 테니까요.

이처럼 금리는 생산, 고용, 물가, 환율 등 경제 전반에 미치는 영향이 상당히 큽니다. 그래서 각 나라들은 중앙은행을 통해 이런 경제의 움직임을 주시하면서 기준 금리를 조절해 대응하고 있어요.

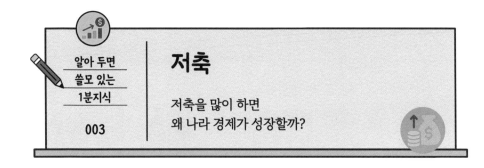

저축

저축을 많이 하면
왜 나라 경제가 성장할까?

여러분은 혹시 마음에 드는 운동화를 사거나 아이돌 그룹의 공연 티켓을 사려고 용돈을 모아본 적이 있나요? 이렇게 절약해서 돈을 모으는 행위가 저축입니다. 우리는 왜 저축을 할까요? 바로 원하는 일을 하는 데 필요한 자금을 모으기 위해서죠.

개인 차원에서는 그냥 미래에 필요한 돈을 모으는 것이 저축이지만, 사실 국가 차원에서 보면 저축은 나라 경제를 움직이는 데 중요한 바탕이 됩니다. 우리가 은행 계좌에 저축을 해 놓으면 은행은 그 돈을 모아서 돈이 필요한 개인이나 기업에 다시 빌려줍니다. 개인은 10만 원, 50만 원 등 저마다 크고 작은 금액을 저축하지만 그런 적은 금액이라도 잔뜩 모이면 수백억 원에서 수천억 원이라는 큰돈이 될 수 있거든요.

즉 우리가 은행에 저축을 많이 할수록 은행은 기업에 빌려줄 수 있는 돈이 많아지고, 기업들은 그 돈을 빌려서 공장을 짓거나 새로운 사업을 시작하기도 해요. 이처럼 기업이 사업을 확장하면 일손이 많이 필요해지고, 그러면 일자리가 늘어나서 월급을 받는 사람들이 많아져요. 이 사람들은 또 여유 자금을 은행에 저축하고 다시 기업들이 은행에서 돈을 빌리기 쉬워지겠지요. 이런 식으로 저축은 나라 경제가 잘 돌아가게 만드는 중요한 마중물 역할을 한답니다.

1960~1970년대에는 국가에서 저축을 권장했어요. 그 당시에는 우리나라가 가난했기 때문에 경제를 성장시키려면 국민의 저축으로 큰 자본을 모아야 그 돈을 기업들이 은행에서 빌려다 공장도 짓고 물건을 만들어 낼 수 있었거든요.

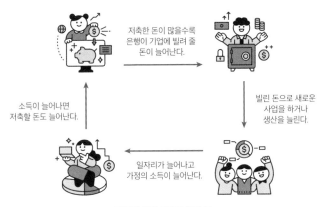

저축한 돈이 많을수록 은행이 기업에 빌려 줄 돈이 늘어난다.

소득이 늘어나면 저축할 돈도 늘어난다.

빌린 돈으로 새로운 사업을 하거나 생산을 늘린다.

일자리가 늘어나고 가정의 소득이 늘어난다.

저축과 경제 성장의 연관성

우리 국민의 저축은 실제로 1970~1980년대에 우리나라 경제가 고속 성장을 하는 데 중요한 바탕이 되었어요. 1971년에는 국내 저축 금액이 처음으로 1조 원을 달성했는데, 이를 기념하는 대회와 전시회 등이 열리기도 했어요. 공익 광고 협의회에서 만든 1호 공익 광고의 주제가 '저축으로 풍요로운 내일을'이었다고 해요.

하지만 1997년 아시아 금융 위기와 외환 위기 때의 고금리 시기를 거쳐, 2020년대 초반까지 은행 예금 금리가 점점 낮아지면서 저축하는 분위기는 점점 사라져갔어요. 이 무렵에는 1년 정기 예금의 금리가 고작 2~3퍼센트 정도에 불과했지요. 2000년대 초부터 2012년까지 연간 소비자 물가 상승률은 2퍼센트대 이상이었으니까, 은행에 저축하면 간신히 원금 가치만 유지하거나 오히려 손해를 볼 수도 있었습니다. 그래서 2000년대 이후로는 더 높은 수익을 올리려고 저축 대신에 주식이나 부동산 등 투자에 눈을 돌리는 사람들이 늘어나는 분위기가 형성되었답니다.

하지만 2020년 이후 물가가 급등하기 시작하자 물가를 안정시키려고 전 세계 중앙은행들은 앞다투어 기준 금리를 올리기 시작했어요. 2023년 7월 현재 우리나라 은행 예금 금리는 평균 약 4퍼센트까지 치솟은 상태입니다. 그래서 사람들은 다시 점점 더 많이 은행에 저축하고 있어요. 경제 흐름은 이처럼 계속 바뀌기 마련입니다.

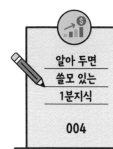

투자와 투기

원금을 손해볼 수 있다는데
자금을 대도 될까?

여러분에게 1만 원이 있는데, 두 명의 친구가 찾아와서 돈을 빌려달라고 하는 상황을 가정해 보죠. 친구 민재는 이 돈을 빌려주면 한 달 후에 잘 되면 1만 5,000원을, 잘 안되면 5,000원을 줄 수 있다고 해요. 두 경우의 확률은 똑같이 50퍼센트라고 하고요. 그런데 옆에 있던 다른 친구 채연이가 자기한테 1만 원을 빌려주면 한 달 후에 반드시 1만 500원을 주겠다고 하네요. 여러분은 누구에게 돈을 빌려주겠어요?

민재에게 돈을 빌려주면 원금인 1만 원의 50퍼센트인 5,000원을 벌 수도 있고, 원금 1만 원이 반토막이 나서 5,000원만 돌려받을 수도 있어요. 하지만 채연이에게 빌려주면 원금 1만 원은 확실히 돌려받지만 수익은 500원밖에 안 되네요. 여러분 성향에 따라서 원금을 잃는 게 싫다면 채연이에게 돈을 빌려줄 거예요. 하지만 원금 손실을 입을 위험이 있긴 해도 5,000원이라는 높은 수익을 얻고 싶다면 과감하게 민재에게 돈을 빌려주겠지요?

이 상황에서 민재에게 돈을 빌려주는 경우가 바로 투자예요. 이익을 얻기 위해 자금을 빌려주는 행위를 뜻하죠. 투자는 높은 수익을 얻을 수도 있지만, 반대로 원금에서 손실을 입기도 해요. 채연이에게 돈을 빌려주는 경우는 은행 예금과 비슷해요. 수익은 크지 않지만 원금은 반드시 돌려받을 수 있죠.

일반적으로는 은행에 예금하는 이자보다 더 높은 수익을 원하는 사람이 적극적으로 돈을 불리기 위해 돈을 빌려주는 행위를 투자라고 하는데요. 투자를 할 수 있는

투기를 할 것인가, 투자를 할 것인가

상품은 생각보다 종류가 다양하답니다. 주식이나 채권(국가, 지방 자치 단체, 은행, 회사 따위가 사업에 필요한 자금을 차입하기 위해 발행하는 유가 증권) 같은 금융 상품이 대표적인데요. 금, 은 등 귀금속이나 농산물, 석유도 투자의 대상이에요. 또 빌딩이나 집 같은 부동산을 사서 다른 사람에게 빌려주고 임대료를 받거나 그 건물을 다시 팔아서 수익을 내는 것도 투자 행위랍니다.

투자는 원금 손실의 위험을 감수하면서 원금이 보장되는 경우보다 높은 수익을 추구하는 것이라고 했는데요. 대개 투자는 생산 활동과 연관이 있는 경우가 많아요. 사업 활동을 하는 기업, 농사를 짓거나 건물을 지을 수 있는 땅 등을 사고파는 것은 투자 행위입니다.

하지만 돌멩이, 종이조각 등 아무런 생산성이 없는 것을 사고파는 것은 '투기'라고 해요. 투기란 어떤 생산 활동과 무관하게 단순히 샀다가 다시 팔 때의 차액만 노리고 위험 부담이 큰 상품을 사고파는 행위입니다. 예를 들어 이미 집을 갖고 있음에도 돈을 벌기 위해 1억 원짜리 집을 사서 2억 원이 될 때까지 기다렸다가 되파는 것은 부동산 '투기'입니다.

여러분은 생산 활동에 도움이 되는 투자를 해야겠지요?

신용과 신용 등급

빌린 돈을 잘 갚는 것은 왜 중요할까?

여러분은 '신용'이라는 말을 들으면 무엇이 떠오르나요? 신용 카드? '나는 친구들 사이에서 신용이 높은 편' 등을 생각했나요? 맞아요. 신용이란 사람을 믿을 만하다, 신뢰할 수 있다는 뜻입니다. 보통은 인간관계에서 쓰지요.

그런데 금융에서 말하는 신용이란 쉽게 말해서 '돈을 잘 갚을 사람인가'를 뜻해요. 신용이 좋은 사람은 외상으로 물건을 사더라도 약속한 날짜에 어김없이 물건값을 치를 거예요. 예를 들어 여러분이 학교 매점 사장님과 잘 아는 사이라면 외상 장부에 빵 한 개, 과자 한 개 등을 적어 놓고 외상 거래를 할 수 있어요. 매점 사장님이 여러분을 믿고 나중에 용돈을 받으면 한꺼번에 갚을 수 있게 해 주는 거죠. 이 경우 여러분은 여러분의 신용으로 거래를 한 것입니다. 일반적으로 이런 거래를 하려면 양쪽이 서로 평소에 잘 아는 사이여야겠죠. 매점 사장님은 여러분이 성실한 학생이라는 평판도 알고 있고, 외상값을 꼬박꼬박 잘 갚는다는 경험을 했기 때문에 이런 외상 거래를 계속 허락해 주는 것일 테니까요.

하지만 서로 모르는 상점과 소비자라면 어떨까요? 이런 경우에 외상 거래를 할 수 있도록 체계화한 것이 바로 신용 카드예요. 신용 카드 회사에서 신용도가 좋은 사람을 잘 선별해서 카드를 발급해 준다면, 상점에서는 해당 카드 이용자를 처음 본다해도 외상으로 물건을 내줄 수 있지요.

여기서 신용 카드 이용자가 신용할 수 있는 사람인지를 평가해서 점수를 매긴 것이 신용 등급입니다. 이 사람이 빌린 돈을 잘 갚는지, 갚는 날짜가 자꾸 늦어지지만 갚기는 하는지, 제대로 갚지 않는지 등에 따라서 등급을 나누는 건데요. 꼬박꼬박 정해진 날짜에 잘 갚는 사람은 A등급, 늦게나마 갚기는 한다면 B등급, 제대로 안 갚는다면 신용 불량자 등으로 평가한답니다. 이런 평가를 전문적으로 맡아서

신용 등급은 취업 등 개인 생활에 영향을 미친다

하는 기업을 신용 평가 회사라고 해요. 이러한 회사들에서는 여러분의 금융 거래 기록을 바탕으로 신용 점수를 매긴답니다.

신용 등급은 개인뿐만 아니라 기업이나 국가에 대해서도 마찬가지로 매겨요. 개인이든 기업이든 국가든 신용 등급이 낮으면 은행에서 같은 금액을 빌릴 때 더 높은 이자를 부담해야 해요. 그래서 높은 신용 등급을 유지하기 위해서는 빌린 돈을 제때 갚으려고 노력해야 합니다. 여러분이 나중에 어른이 되었을 때 수억 원짜리 집을 사려면 대부분 대출을 받아야 할 거예요. 그때가 되면 신용 등급에 따라 부담하는 이자가 매달 수십만 원에서부터 수백만 원까지 차이가 날 수 있어요. 이렇게 금융 거래에서 신용 등급은 생각보다 중요하답니다.

특히 개인은 신용 불량자가 되면 취업하기도 어려울 수 있어요. '신용 불량자'는 돈을 제대로 갚지 않는 사람이라는 뜻이다 보니, 혹시라도 이 직원이 회사 자금을 몰래 가져다 쓰면 어쩌나 하고 직장에서 꺼리는 경우도 있거든요. 평소에 친구들 사이에서 믿을 만하다는 평판이 중요하듯이, 좋은 신용 등급을 유지하는 게 중요하다는 사실을 꼭 기억하세요.

자산과 부채

자산이 많아도 부채가 많으면
위험한 이유는?

여러분은 안 쓰는 물건을 팔아서 용돈을 벌어본 적이 있나요? 요즘에는 당근마켓이나 중고나라 같은 앱을 이용해서 불필요한 물건을 필요한 사람에게 파는 것을 흔히 볼 수 있지요. 이렇게 팔아서 현금으로 바꿀 수 있는 것을 '자산'이라고 해요.

그런데 팔아서 현금화하려면 반드시 형태가 있는 물건이어야만 할까요? 꼭 그렇지는 않아요. 예를 들어 그림을 잘 그리는 현수는 예쁜 그림을 그려서 팔 수 있는데요. 이때 그림 잘 그리는 능력은 돈으로 바꿀 수 있으므로 자산이에요. 형태가 없기 때문에 '무형 자산'이라고 하지요.

여러분 집에서 이렇게 현금으로 바꿀 수 있는 것을 생각해 봅시다. 가구, 책상, 옷, 식재료 등을 떠올릴 수 있겠네요. 더 크게는 자동차나 집도 가능하고요. 아르바이트를 하면 돈을 벌 수 있으니까 여러분의 노동력도 팔 수 있어요. 은행 계좌의 돈이나 지갑에 들어 있는 현금은 어떨까요? 이 또한 모두 자산이랍니다.

예를 들어 현수가 용돈 1만 원을 친구 정민이에게 빌려줬다고 합시다. 한 달 후 이자 500원과 함께 돌려받기로 했고요. 이 돈은 현수의 자산일까요, 아닐까요? 이 1만 원은 일단 현수의 손을 떠났으니 현수의 자산이 아니에요. 하지만 한 달 후에는 현금으로 돌려받을 예정이지요. 이 경우에는 '한 달 후에 1만 원을 돌려받을 권리'가 현수의 자산이 됩니다.

이처럼 자산이란 원래 내 것과 빌려온 것 모두를 포함하는 개념인데요. 이번에는

자산과 부채 비율은 건전하게 유지해야 한다

돈을 빌린 정민이의 입장에서 생각해 보죠. 정민이는 아르바이트를 해서 번 돈 10만 원을 은행 계좌에 넣어 두었는데, 현수한테 빌린 1만 원을 입금해서 총 11만 원이 되었습니다. 그렇다면 현수한테서 빌려온 현금 1만 원은 정민이의 자산일까요, 아닐까요? 정민이 자산이 맞습니다. 벌어온 돈이든 빌려온 돈이든 일단 정민이에게 있는 돈은 정민이 자산이거든요. 하지만 원래 있던 돈과 빌린 돈은 이름이 달라요. 빌린 돈 1만 원은 '부채'라고 하죠. 이 1만 원은 한 달 후에 갚아야 하니까 정민이가 사용할 수 있는 기간은 1개월뿐이고요.

현재 정민이 통장에 있는 11만 원에서 10만 원은 원래 정민이 것이고 1만 원은 빌린 돈입니다. 이때 원래 정민이 돈인 10만 원은 자본, 빌려온 돈 1만 원은 부채, 두 가지를 합한 총액 11만 원을 자산이라고 해요.

부채는 언젠가 갚아야 하는 빚이에요. 이자도 붙고요. 1만 원당 이자가 500원이라고 할 때 부채가 9만 원이라면 이자가 4,500원이고, 부채가 1만 원이라면 이자는 500원이 됩니다. 자산 규모가 똑같이 10만 원인 두 사람이 있습니다. 이때 A의 자산은 '부채 9만 원+자본 1만 원'이고, B의 자산은 '부채 1만 원+자본 9만 원'이라면 B의 재무 상태가 더 바람직한 것입니다.

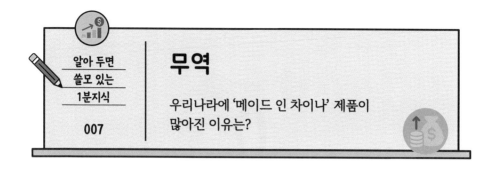

알아 두면
쓸모 있는
1분지식

007

무역

우리나라에 '메이드 인 차이나' 제품이
많아진 이유는?

여러분 가방 속에 있는 물건들을 한번 살펴보세요. 'Made in China' 'Made in Vietnam' 등의 표기를 볼 수 있을 거예요. 이것은 그 상품이 어느 나라에서 만들어졌는지를 알려주는 표시입니다. 외국에서 수입된 물건이 꽤 많을 거예요.

여러 나라에서 필요한 물건이나 서비스를 서로 사고파는 것을 무역이라고 해요. 나라마다 남아도는 자원이나 물건의 종류나 양은 다 달라요. 중동의 산유국들에서는 석유가 많이 납니다. 그래서 우리나라에서는 중동 국가에서 석유를 수입하지요. 거꾸로 우리나라는 반도체를 잘 만들기 때문에 전 세계로 반도체를 수출하죠.

그렇다면 국가 간에 무역을 하는 이유는 무엇일까요? 우리가 입는 옷은 중국이나 베트남에서 수입하는 경우가 많은데, 이는 우리나라 공장에서 생산할 때보다 비용이 저렴하기 때문이에요. 국내 공장에서 만들 때는 10만 원이 드는데 중국 공장에서는 2만 원이 든다면, 당연히 중국에서 생산하는 것이 유리하겠지요. 이처럼 나라마다 인건비나 전기 요금, 세금 등이 다르기 때문에 기업들은 가장 유리한 조건을 선택해서 상품을 생산합니다. 생산 과정에 필요한 비용 등의 조건을 비교한 결과 더 이익이 되는 것, 즉 비교 우위를 살펴보고 무역 품목을 결정합니다.

반면, 품목에 따라 국가끼리 주고받는 경우도 많아요. 예를 들어 A 나라는 농토가 아주 넓어서 농산물을 키울 때 돈이 별로 들지 않지만, 기술력이 부족해서 휴대폰을 못 만들어요. B 나라는 기술이 발달해서 휴대폰을 잘 만들지만 농사지을 땅이 별

전 세계 나라들은 좀 더 저렴하게 상품을 구입하기 위해 무역을 한다

로 없어서 농산물이 항상 부족하고 비쌉니다. 이런 경우 A 나라는 B 나라에 농산물을 수출해서 번 돈으로 휴대폰을 수입하면 도움이 될 거예요. 마찬가지로 B 나라는 A 나라에 휴대폰을 수출해서 벌어들인 돈으로 농산물을 저렴하게 수입하면 유리하겠지요. 이런 식으로 각국은 비교 우위가 있는 품목으로 무역을 하면서 서로가 이익을 주고받아요.

그런데 B 나라에도 농사를 짓는 농민은 있어요. A 나라의 농산물을 수입하는 게 저렴하다고 해서 모든 농산물을 다 수입한다면 B 나라 농민들은 먹고살기 힘들 거예요. 그래서 각국은 수입품에 '관세'라는 세금을 매깁니다. 만약 B 나라 국산 밀가루 가격이 1만 5,000원인데 수입 밀가루가 1만 원이면, B 나라의 소비자는 훨씬 저렴한 수입 밀가루를 선택할 가능성이 높아요. 하지만 수입 밀가루에 4,000원의 관세를 부과하면 수입 밀가루 가격은 1만 4,000원이 되겠지요. 그러면 가격 차가 줄어드니까 1,000원 정도 차이라면 국산 밀가루를 선택하는 사람도 있을 거예요.

관세는 이처럼 국가 간 교역의 견제 장치 역할을 합니다. 각국이 관세를 과도하게 매기면 국제 무역 질서가 어지러워지겠죠. 그래서 전 세계 국가들은 세계 무역 기구World Trade Organization, WTO 같은 국제기구에서 바람직한 국제 무역 질서를 유지하기 위해 함께 논의한답니다.

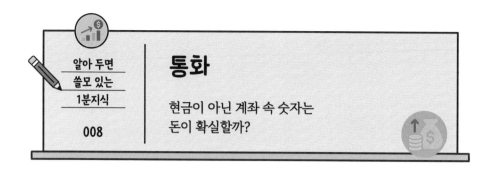

통화

현금이 아닌 계좌 속 숫자는
돈이 확실할까?

여러분은 돈을 가리키는 '통화通貨'라는 말을 들어본 적이 있나요? 뉴스에서 '통화량' 같은 표현을 얼핏 들어본 기억이 있을 거에요. 그냥 돈이라고 하면 될 텐데 굳이 '통화'라는 어려운 말을 쓰는 이유가 뭘까요? 『표준국어대사전』에 따르면 '유통 수단이나 지불 수단으로서 기능하는 화폐'를 의미합니다. 즉 '통화'에는 돈이 흘러 다닌다는 뜻과 지불 수단이라는 뜻이 더 강조되어 있어요. 통화는 실제로 '유통 화폐流通貨幣'의 준말입니다. 돈이 지불 수단으로 기능하려면 국가에서 공식 화폐로 인정받아야 해요. 그래서 통화에는 한 국가의 중앙은행이 발행한 공식 화폐라는 의미도 있어요.

통화의 물리적 형태로는 지폐와 동전이 있어요. 종이에 인쇄한 은행권인 지폐는 비교적 큰 금액을 나타냅니다. 금속으로 만든 동전은 비교적 작은 금액이지요.

하지만 실생활에 사용되는 통화의 범위는 사실 이보다 더 넓어요. 신용 카드, 수표 그리고 은행과 증권 회사 등 금융 회사 계좌에 들어 있는 금융 자산 등도 쉽게 현금으로 바꿀 수 있으니까요. 그래서 일반적으로는 현금 통화와 예금 통화를 합해서 시중에서 유통되는 화폐를 모두 통화라고 해요. 하지만 범위가 제각각이면 사람마다 통화의 의미를 다르게 받아들여서 혼동이 일어날 수 있겠지요.

이런 혼동이 일어나는 것을 막고 시중에서 유통되는 돈의 흐름을 제대로 파악하기 위해서 전문가들은 더욱 세분화한 지표로 통화를 들여다봅니다. 본원 통화monetary base(M0), 협의 통화narrow money(M1), 광의 통화(M2, 총통화), 광의 유동성liquidity aggregate(L),

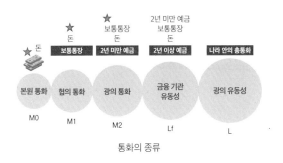

통화의 종류

금융 기관 유동성liquidity aggregates of Finance Institution(Lf) 등이 그런 지표예요.

　본원 통화인 M0는 중앙은행이 발행한 지폐와 동전 등 현금을 뜻해요. 여기에 예금처럼 현금화하기 쉬운 금융 자산을 더한 것이 협의 통화인 M1입니다. M1은 현금과 현금에 준하는 유동성이 높은 금융 자산의 유통량을 나타내요.

　광의 통화인 M2는 '총통화'라고도 하는데, 넓은 의미의 통화입니다. M1에 정기 적금이나 정기 예금 같은 저축성 예금, 외화 예금을 합한 것이죠. 이는 현금, 즉시 현금화할 수 있는 금융 자산, 현금화하는 데 시간이 좀 걸리는 금융 자산을 전부 더한 개념이에요. 특히 M2는 중앙은행이 통화 정책을 세우고 시중의 통화량을 측정할 때 활용하는 주요 지표랍니다. 왜냐하면 M2는 다른 통화 지표와 비교해 경제 성장·물가 등 실물 경제와 밀접한 관계에 있기 때문에 중요하거든요.

　광의 유동성인 L은 한 나라 경제 전체의 유동성을 측정하는 지표입니다. 주식회사가 발행하는 회사채, 국가나 공공 기관이 발행하는 국공채, 기업 어음(신용 평가 등급이 높은 기업이 단기 자금을 조달하기 위해 발행하는 어음)까지 통화에 포함하는 개념이죠. 금융 기관의 현금성 요구불 예금(예금자가 언제든지 찾아 쓸 수 있는 예금), 정기 예금과 정기 적금 등의 M2에, 은행의 기타 예수금이 포함된 금융 기관 유동성인 Lf, 정부와 기업이 발행하는 국공채, 회사채 등까지 합해서 계산해요.

　통화의 종류가 참 많죠? 앞으로는 용돈을 쓸 때마다 이 돈은 어떤 통화에 해당하는지 생각해 보면 어떨까요?

알아 두면
쓸모 있는
1분지식

009

신용 창조

돈이 돈을 낳는다고?

전에 없던 뭔가를 처음으로 만들어내는 것을 창조라고 하지요. 금융 거래 과정에서는 원래 없던 돈이 생겨나는 '신용 창조credit creation'라는 현상이 있습니다. 그럼 이 현상은 가만히 있어도 지갑 속에 있는 돈이 불어나는 것일까요? 그렇다면 참 좋겠지만 실제로 지갑에 돈이 불어나는 일은 일어나지 않습니다. 하지만 전체 유동성의 관점에서는 은행에 예금한 돈이 불어나는 신기한 현상이랍니다. 간단하게 살펴보면, 중앙은행이 발행한 돈이 은행을 거쳐 시중에 흘러 다니면서 또 다른 돈인 신용 화폐(신용 경제의 발달에 따라, 채권과 채무의 관계에서 화폐의 기능을 대신하는 증서. 은행권, 어음, 수표 등)를 만들어내는 일련의 과정입니다.

예를 들어 보죠. 지연이가 은행에 가서 150만 원을 예금했어요. 연 이자율이 5퍼센트고요. 은행은 이 돈으로 수익을 내야 나중에 지연이에게 이자를 줄 수 있겠죠. 그래서 은행은 지연이의 예금 150만 원 중 일부를 지급 준비금으로 보관해 놓습니다. 그리고 나머지는 다른 곳에 대출해 주고 대출 이자를 받기로 했어요. 이제 현석이가 그 은행에 가서 100만 원을 빌려요. 이때 대출 이자율이 연간 10퍼센트였어요. 1년 후 110만 원(원금 100만 원+이자 10만 원)을 갚기로 하고 현석이는 대출받은 100만 원으로 군고구마 장사를 시작합니다. 고구마 10상자, 손수레, 고구마 굽는 통, 땔감 등을 사서 장사를 시작했는데, 장사가 잘 되어서 300만 원을 벌었어요. 현석이는 은행에서 빌린 110만 원을 갚았어요. 현석이는 남은 돈 190만 원을 다시 은행에 예금하고 연 이자 5퍼센트를 받아요. 은행은 이 190만 원에서 일부를 지급 준비금으로 남긴 다음 다시 누군가에게 대출해 주고 이익을 얻을 거예요.

이처럼 지연이가 처음에 예금한 150만 원은 현석이가 받은 대출과 군고구마를 팔아 벌어들인 순수익 190만 원이 생겨나는 씨앗이 되었어요. 이러한 과정이 여러 번 반복되면 예금과 대출(신용)은 함께 늘어나지요. 단지 예금을 했을 뿐

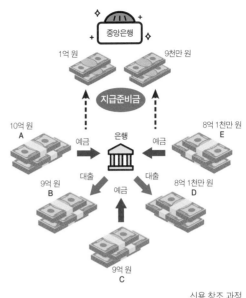

신용 창조 과정

인데 계속 돈이 돈을 낳는 신기한 현상이 일어났지요? 이와 같이 최초 예금액의 몇 배 이상으로 예금 통화를 창출하는 현상이 바로 신용 창조입니다.

여기서 은행이 예금액의 일부를 남겨 두는 지급 준비금에 주목해야 합니다. 지급 준비금은 은행이 마음대로 액수를 정하는 게 아니고, 중앙은행이 정한 지급 준비율에 맞추는 것입니다. 그러면 지급 준비율에 따라 대출금의 규모를 정하고 시중에 유통되는 돈의 규모를 조절할 수 있겠지요. 시중에 돈이 너무 많이 풀리면 물가가 올라갈 수 있어요. 중앙은행은 이런 돈의 흐름을 잘 살펴보다가 지급 준비율을 높이거나 낮추는 방식으로 통화량을 조절한답니다.

앞으로 여러분이 은행에 예금을 할 때마다 그 돈이 누군가가 받는 대출금으로 바뀌어 신용 창조 현상에 일조한다는 사실을 떠올려 보세요. 알고 보면 여러분도 우리나라 금융계에 중요한 존재였다는 점을 새삼 깨달을 수 있습니다.

신용 경색

돈을 빌리지 못하면 금융 시장이
꽁꽁 얼어붙는다?

사람의 혈관이 어쩌다 막혀 피가 제대로 돌지 못하면 심한 경우 사망에 이를 수 있습니다. 우리 경제도 그래요. 경제의 혈액인 돈이 잘 돌아야 경제 상황도 안정적으로 유지됩니다. 그런데 시장에서 돈이 잘 돌지 않을 때도 있어요. 예를 들면 기업이 사업을 확장하거나 가계가 살림을 꾸릴 때 부족한 자금을 은행에서 빌려야 하는데 돈 빌리기가 너무 어려운 상황이 생겨요. 그럼 은행은 왜 돈을 빌려주지 않는 걸까요? 은행이 기업이나 개인에게 빌려준 돈을 돌려받지 못할 수도 있다는 걱정이 커지기 때문입니다. 이렇게 시장에 돈이 잘 돌지 않는 현상을 신용 경색credit crunch이라고 해요.

신용 경색이 발생하면 당장 돈이 필요한 이들이 돈을 구하지 못해서 발만 동동 구르게 됩니다. 급기야 사업을 잘하던 기업이 급한 자금을 구하지 못하면 거래처에 대금을 지급하지 못해 도산할 수도 있어요. 이처럼 신용 경색으로 인해 우리 경제가 겪을 수 있는 어려움은 생각보다 무섭답니다.

이런 신용 경색은 언제 일어날까요? 일반적으로는 통화 당국이 긴축 정책을 펼때, 대외 금융 시장이 불안할 때, 금융 기관들이 위험 관리를 강화하거나 구조 조정을 할 때 등을 꼽을 수 있어요. 우리나라도 안팎에서 일어난 심각한 경제 위기 사태 때문에 신용 경색을 여러 번 겪었습니다. 1997년 국제 통화 기금International Monetary Fund, IMF 경제 위기 전후, 1999년 대우그룹 파산, 2002년 초부터 시작된 신용 카드 대란, 2007년에 미국 서브 프라임 모기지론 사태에서 시작된 2008년 세계 금융 위기,

2008년 리먼 브라더스 파산 등으로 인한 신용 경색이었습니다.

그러면 이제 최근에 겪었던 레고랜드 사태로 인한 신용 경색에 대해 살펴볼까요? 레고랜드는 강원도 춘천에 있는 조립식 장난감 회사인 레고의 장난감을 테마로 하는 놀이공원입니다. 이 레고랜드 건설 사업은 강원도 산하의 강원중도개발공사GJC가 진행했는데, 이 회사가 레고랜드를 지으려고 2,050억 원어치의 어음(일정한 금액을 일정한 날짜와 장소에서 치를 것을 약속하거나 제삼자에게 그 지급을 위탁하는 유가 증권)을 발행했고 광역 자치 단체인 강원도가 보증을 섰어요. 이는 GJC가 빌린 돈을 갚지 못하면 강원도가 대신 이 돈을 책임지고 갚아 주겠다는 뜻이에요. 그런데 2022년 9월에 GJC가 대출금 전액을 강원도에서 갚아 달라고 요청하자, 김진태 강원도지사가 "이 돈 안 갚을래"라고 선언하면서 시장에 큰 혼란이 벌어졌어요. 강원도라는 지방 정부가 보증한 GJC의 어음이 부도 처리된 것입니다.

원래 정부와 지방 정부는 신용이 매우 높아요. 국가가 발행한 채권인 국채는 나라가 망하지 않으면 절대로 부도가 나지 않거든요. 지방 정부가 발행한 지방채도 마찬가지고요. 그런데 강원도가 보증을 섰던 레고랜드 관련 어음이 부도가 났으니 금융 시장에서는 큰 충격을 받은 거죠. "지방채가 부도날 수 있다면 일반 기업이 발행한 회사채는 도저히 못 믿겠다"는 판단이 시장에 퍼졌어요. 그래서 신용도가 낮은 기업은 물론 신용도가 아주 높은 기업들까지 덩달아 돈을 빌리지 못하는 현상이 이어졌어요. 이 때문에 정부는 얼어붙은 시장을 되살리기 위해 50조 원 넘는 자금을 지원하는 조치를 단행했지요. 돈이 필요한 기업들의 채권을 정부가 사줄 테니 기업들은 걱정 말고 사업을 계속하고 금융 회사들은 기업에 돈을 빌려주라는 신호를 시장에 보낸 것입니다. 2,050억 원 어음 부도로 시작된 신용 경색을 회복하기 위해 투입한 치료비가 50조 원이라니, 엄청나죠? 신용 경색은 그만큼 무섭답니다.

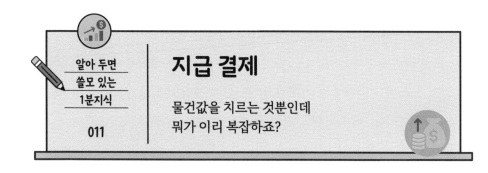

지급 결제

물건값을 치르는 것뿐인데
뭐가 이리 복잡하죠?

동네 편의점에 손님이 들어와서 과자를 고른 다음 계산대로 가서 직원에게 값을 치릅니다. 현금을 내거나 신용 카드 또는 체크 카드를 내밀거나, 간편결제를 하려고 스마트폰을 결제 단말기에 대기도 해요. 이때 손님이 값을 치르는 행위와 편의점 운영 회사가 물건값을 받는 행위에 주목해 볼까요? 이처럼 거래 당사자 간에 임의의 형식으로 돈을 주고받아 거래 관계를 마무리하는 것을 지급 결제라고 합니다.

그런데 현금이 아닌 다른 수단으로 결제하는 상황에 대해서는 좀 더 생각해 보아야 할 점이 있어요. 신용 카드로 값을 치렀다면 그 순간 거래가 완료된 게 아니거든요. 한 달 후 이용자가 카드 이용 대금을 신용 카드 회사에 내야 합니다. 즉 신용 카드 회사가 중간에서 "손님이 과자값을 한 달 후에 입금한대요"라고 편의점 회사 시스템에 알려 주면 편의점 회사는 "알겠어" 하고 과자를 내줬다고 봐야 해요. 이때 손님은 과자값에 해당하는 화폐 가치를 편의점 회사에 일단 이전한 것입니다. 손님이 과자값만큼의 채권을 발행했다고 할까요. 편의점 회사는 그 채권을 받았다가 한 달 후 손님이 신용 카드 회사에 과자값을 주면 돈이 들어오니까, 그때 채권을 손님에게 돌려주고 그 거래를 마무리한다고 할 수 있겠네요.

모든 거래가 다 현금으로 이루어진다면 세상일이 참 간단하겠지만, 현실적으로 그렇게 되기는 쉽지 않아요. 현금 없이 거래할 때의 편리함을 생각하면 복잡해 보이더라도 여러 가지 지급 결제 시스템이 등장하고 발전한 이유가 있는 것입니다.

우리가 경제 활동을 하면서 편리하게 돈을 주고받으려면 무엇이 필요할까요? 앞에서 예로 들었던 손님과 편의점 회사 같은 거래 상대방, 즉 경제 주체를 비롯해 그 거래 과정을 단계별로 맡아서 처리할 수 있는 여러 기관과 제도가

간편결제 뒤에는 복잡한 결제 시스템이 상호 작용한다

있어야 해요. 시스템 서비스를 제공하는 은행이나 신용 카드 회사 같은 금융 기관, 최종 결제를 담당하는 중앙은행, 중간에서 지급 결제를 연결해 주는 금융 결제원 등을 꼽을 수 있어요.

과거에는 물물 교환을 하거나 현금을 주고받아 물건값을 치르는 행위를 통해 지급 결제가 이루어졌지요. 하지만 이제는 플라스틱 카드로 결제하는 과정을 거쳐 온라인에서 물건을 사고 전자 결제하는 수준까지 발전했습니다. 온라인 쇼핑몰에서 물건을 사면 카드 결제, 계좌 이체, 휴대폰 결제 등의 방식으로 물건값을 치를 수 있습니다. 이때 온라인 쇼핑객과 은행, 신용 카드 회사, 통신사, 온라인 쇼핑몰 등을 연결해 주는 곳이 있어요. 이런 회사를 지불 결제 사업자라고 해요. 흔히 PGPayment Gateway사라고 합니다.

요즘에는 결제를 더 쉽고 편하게 도와주는 간편결제가 일반화되었죠. 복잡한 과정을 거치지 않고 비밀번호를 입력하거나 지문을 인식하는 등 간단하게 물건값을 결제할 수 있습니다. 결제하기 편해진 건 참 좋은 일이지만 그만큼 소비하기도 편리해졌다는 뜻이잖아요. 자칫 과소비로 이어지지 않도록 유의해야겠지요?

금융 시장

돈 거래를 하려면 어디로 가야 하죠?

여러분은 '시장' 하면 뭐가 생각나세요? 각종 식자재, 의류, 신발 등 다양한 물품이 즐비한 상점들이 떠오릅니다. 다양한 상품들도 있지만 사람도 많지요. 바로 물건을 파는 상인들과 물건을 사러 온 소비자들이 있어요. 이때 상인은 공급자이고 소비자는 수요자입니다. 서울의 유명한 광장시장이나 남대문시장은 실제로 눈으로 보고 손으로 만질 수 있는 상품을 거래하는 시장인데요. 우리가 지금 공부하려는 금융 시장은 눈에 보이지 않는 돈과 금융 상품을 거래하는 시장입니다. 하지만 다른 시장처럼 엄연히 수요자, 공급자가 있고 주로 거래되는 상품도 있지요.

금융 시장은 가계, 기업, 정부 등 여러 경제 주체가 돈과 금융 상품을 거래하면서 필요한 자금을 조달하거나 여유 자금을 운용할 수 있는 시장이에요. 자금이 필요한 수요자와 자금을 대는 공급자가 만나서 금융 거래를 하는 거죠.

금융 시장의 수요자 가운데 기업은 사업을 해서 돈을 잔뜩 벌어들이기도 하지만 큰돈 쓸 일도 많아요. 사업을 확장하기 위해 공장이나 사업장, 설비 등을 갖춰야 하고 직원에게 월급도 줘야 하고 거래처에 물품 대금도 치러야 하는 등의 업무를 수시로 처리해야 하거든요. 각 가정에서는 자동차나 집을 살 때처럼 일시적으로 큰돈이 필요한 일이 생기면 대출을 받으려는 수요가 생겨요. 정부에서는 들어온 세금보다 나랏일에 써야 할 돈이 많으면 대출을 받을 일이 생깁니다. 이뿐만 아니라 외국도 국내 자금의 공급자나 수요자가 되기도 해요.

그럼 금융 시장에서 자금을 공급하는 공급자는 누구일까요? 쉽게 말해 여유 자금이 있는 개인이나 기업들이죠. 본인의 소득에 비해 지출이 적다면 남은 돈을 저축하거나 투자하기 마련인데요. 이런 사람들이 은행에 돈을 예금하면 은행이

금융 시장은 돈과 금융 상품을 거래하는 눈에 보이지 않는 시장이다

그 돈을 모아서 기업이나 가계에 대출을 해 주죠. 은행 예금자들이 바로 대출 자금 공급자가 되는 것입니다.

또 은행 예금 이자율보다 더 높은 수익률을 원하는 사람들은 주식이나 채권, 펀드 등 여러 금융 상품에 투자해서 매매 차익이나 배당 소득 등을 얻으려고 합니다. 바로 이러한 사람들이 금융 시장에서 자본 공급자가 되는 거랍니다.

금융 시장을 거래 대상으로 세분화해 보면 주식 시장, 사채 시장, 상품 시장, 외환 시장 등이 있어요. 금융 시장은 일반 시장과 달리 거래 대상이 돈이거나 돈을 투자하는 금융 상품이고, 일정 기간이 지나면 거래한 돈을 공급자에게 돌려주거나 이자를 지급해야 하는 경우도 많지요.

금융 시장은 거래 기간에 따라 단기 금융 시장, 장기 금융 시장(자본 시장)으로 구분할 수 있어요. 보통 거래 기간이 단기는 1년 미만, 장기는 1년 이상인 경우를 뜻합니다. 또한 자금 공급자와 수요자가 직접 금융 거래를 하는 경우는 직접 금융 시장, 둘 사이의 거래를 금융 기관이 중개하는 경우에는 간접 금융 시장이라고 해요. 또 한 국가 내에서만 거래가 이루어지는 경우는 국내 금융 시장, 국가와 국가 사이에 거래가 이루어지는 경우는 국제 금융 시장이라고 합니다.

재테크

재테크를 잘하는 방법은?

여러분은 재테크財tech라는 말을 들어보았나요? 재테크는 재물을 뜻하는 한자어 '재財'와 기술을 뜻하는 영어 '테크놀로지technology'를 합해서 만든 단어인데요. 재산을 늘리기 위한 여러 가지 투자 활동을 뜻합니다. 대체로 1990년대 후반에 IMF 경제 위기 시절을 겪으면서 경제에 대한 전 국민의 관심이 커짐에 따라 대중화된 용어라고 할 수 있어요.

우리나라가 경제 위기를 겪기 전에는, 사람들이 월급을 받으면 꾸준히 은행에 예금을 하고 적금을 들면서 자산을 모으는 것이 일반적인 자산 형성 방식이었어요. 하지만 경제 위기 이후 적극적으로 자산을 불리는 방식에 관심을 갖게 되면서 주식, 펀드, 부동산, 채권 등 전문적인 지식이 필요한 투자로 눈을 돌리는 사람들이 많아졌어요. 평생직장이라는 개념이 점점 사라지고 기대 수명이 계속 길어지는 추세도 사람들이 투자에 관심을 갖는 사회 분위기에 영향을 준 것으로 보여요. 이런 상황이라면 정년퇴직 후 퇴직금만으로는 노후 생활을 안정적으로 유지하기 어려울 수 있거든요.

재테크는 보통 투자 활동을 의미합니다. 하지만 큰 틀에서 보면 본인의 수입과 지출, 자산 상황을 정확하게 파악해서 불필요한 지출이나 소비를 줄이고 합리적으로 투자해서 자산을 잘 운용하는 행위 전반을 뜻합니다. 복잡한 경제 지식에 해박해야만 잘하는 건 아니니까 너무 어렵게 생각하지 않아도 된답니다. 만약 경제 지식을 많이 알고 있어야 재테크를 잘 할 수 있다면 우리나라 경제학자들은 모두 부자일 텐데

자신의 자산 상태를 정확하게 파악하고 투자하는 것이 재테크다

꼭 그렇지는 않거든요.

재테크를 잘하려면 가계부를 꾸준히 쓰는 것이 좋아요. 가계부를 쓰면 본인의 수입과 지출을 정확하게 파악할 수 있고, 소득 중 저축이나 투자에 배분할 수 있는 돈이 얼마나 되는지 판단할 때 도움이 된답니다.

재테크를 할 때는 본인이 주식, 펀드, 부동산, 금, 외환 등 여러 가지 투자 대상을 열심히 공부해서 직접 투자하는 방법도 있지만, 공부할 여유가 없거나 투자에 별로 자신이 없다면 전문가들의 도움을 받을 수도 있어요. 은행, 증권 회사, 보험 회사 등 금융 회사에서 일하는 전문가들이 투자에 대해 조언해 주기도 하니까요.

다만 전문가에게 우리의 자산을 100퍼센트 맡겨 놓고 신경 쓰지 않으면 안 돼요. 모든 투자의 최종 책임은 결국 우리 자신에게 있기 때문이지요. 전문가의 조언은 참고하되 여러 가지 정보를 종합해 최종 투자 판단은 자신이 직접 하는 것이 좋아요.

그렇게 하려면 재테크에 대한 기본 지식은 어느 정도 갖추고 있어야 해요. 이를 위해서는 평소에 경제 흐름을 살피고 금융 지식을 쌓아야 해요. 틈틈이 경제 신문이나 투자 관련 책을 읽고, 유튜브 경제 채널 등을 보면서 서서히 재테크와 친해지면 된답니다. 여러분도 용돈을 아껴서 약간의 목돈을 모으겠다는 목표를 정하고 재테크를 시작해 보면 어떨까요?

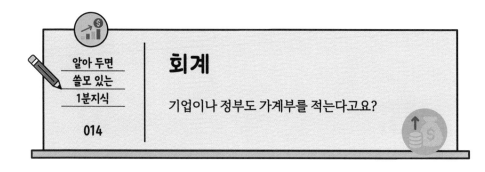

회계

기업이나 정부도 가계부를 적는다고요?

여러분은 가계부를 적고 있나요? 한 달치 용돈을 받아서 사용한 내역과 남은 돈을 어떻게 관리하는지 기록하는 알뜰한 친구도 있을 거예요. 그렇지만 아무래도 가계부는 여러분보다는 부모님이 더 많이 적을 거예요. 가계부는 풀이하면 '가계의 수입과 지출을 기록하는 장부', 즉 가정의 회계 기록을 정리한 장부라는 뜻입니다.

기업이나 정부도 가계부 같은 것을 쓴답니다. 이때는 한 가정의 장부가 아니니까 회계 장부라고 하지요. 회계 장부는 기업 등 경제 주체의 경제적 행위를 원칙에 따라 금액(화폐 단위)으로 기록한 것인데요. 여기서 회계는 단순히 숫자를 정리하는 행위만 뜻하는 것이 아닙니다. 기록한 숫자를 통해 경제 주체와 다양한 이해관계자들이 경제적 판단을 할 수 있도록 재무 정보를 만드는 것이죠.

회계 자료는 객관적이고 정직하게 작성하는 것이 매우 중요합니다. 만약 기업이 사업이 잘 안되어 돈을 제대로 벌지 못하고 사업 자금도 거의 바닥이 났는데, 회계 장부에는 사업이 잘되는 것처럼 기록했다면 어떨까요? 그 회계 기록을 믿고 투자한 사람들이 나중에 큰 손해를 볼 수 있겠지요.

정부 입장에서도 생각해 볼 수 있어요. 어떤 기업의 사업이 잘되면 이익을 많이 얻겠죠. 그러면 이 기업에서 법인세를 많이 걷을 수 있습니다. 그런데 만약 100억 원의 이익을 낸 기업이 10억 원만 벌었다고 회계 장부에 기록해 놓으면 세금을 제대로 걷을 수 없어요.

기업의 재무제표에는 한 기업의 모든 재무 정보가 포함되어야 한다

　　회계 기록이 기업 외부의 이해관계자들에게만 도움이 되는 것은 아닙니다. 기업이 사업을 잘하는지 못하는지에 대해, 그 기업의 임직원들도 기록된 숫자를 바탕으로 잘 파악할 수 있으면 사업 방향을 결정할 때 참고할 수 있어요. 직원들이 그 회사에 계속 다닐지 말지 등의 의사 결정을 할 때도 참고 사항이 될 거예요.

　　회계 수치는 재무제표라는 문서로 확인할 수 있어요. 재무제표는 재무에 대한 모든 정보를 담고 있는 보고서입니다. 이 재무제표는 재무상태표, 손익계산서, 자본변동표, 현금흐름표 등으로 구성되어 있어요. 재무상태표는 현재 회사의 자본과 부채, 자산이 얼마나 있는지를 보여 줘요. 손익계산서에서는 매출액, 영업이익, 순이익 등 얼마를 써서 얼마를 벌었는지 확인할 수 있어요.

　　재무제표를 통해 알 수 있는 회계 정보에 따라 기업이 내는 세금 규모나 투자받을 수 있는 금액 등이 크게 달라질 수 있어요. 그러다 보니 기업은 자사가 유리할 수 있도록 숫자를 손질하고 싶은 유혹에 빠지기 쉬운데요. 이 때문에 국가에서는 기업이 회계 기록을 성실하게 작성하고, 공인 회계사가 이 회계 기록을 꼼꼼히 검증하도록 법으로 정해 놓았습니다.

재무제표도 화장을 한다고?
_분식 회계

예뻐 보이기 위해 화장을 하는 사람들이 많지요. 그런데 기업의 재무제표에도 화장을 한다는 이야기를 들어 본 적이 있나요? 바로 '분식 회계粉飾會計'라는 것입니다.

분식 회계의 '분식粉飾'은 실제보다 좋게 보이려고 사실을 숨기고 거짓으로 꾸민다는 뜻이에요. 즉 분식 회계는 기업의 실적이 실제보다 더 좋아 보이도록 회사 장부를 조작하는 것입니다. 예를 들면 팔지 않은 제품을 팔았다고 매출액을 부풀려 기재하거나, 실제로 지출한 비용보다 적게 기록하거나 아예 기록에서 빼 버리는 경우 등이 있어요. 이 밖에도 재고 자산을 실제보다 많은 것으로 기록하기, 자산 가치를 실제 가치보다 높게 평가하기, 못 받을 외상 매출금을 결손 처리하지 않기, 올해 비용을 다음 해로 넘기기, 기계 장치 등 고정 자산에 대한 감가 상각(토지를 제외한 고정 자산에 생기는 가치의 소모를 셈하는 회계상의 절차) 비용을 적게 계산하기, 임시로 들어온 자금이나 선수금(미리 받은 돈)을 매출액으로 잡기, 단기 채무를 장기 채무로 표시하기, 가짜로 외상 미수금을 만들어서 영업 수익 늘리기 등이 있지요. 방법이 정말 다양하지요?

기업은 왜 이런 꼼수를 쓸까요? 실적이 나빠지거나 자산이 줄어서 형편이 안 좋아지면 그 기업은 신용도와 평판이 떨어집니다. 상장 기업(증권 거래소·코스닥 등의 유가 증권 시장에 등록되어 주식이 거래되고 있는 기업)이라면 주가가 떨어지고, 금융 회사에서 대출을 받거나 채권을 발행할 때 이자 비용이 전보다 높아지고요. 기업을 운영하는 데 쓰는 비용이 더 많이 들거나 필요한 자금을 조달하기 어려워질 수 있는 거죠. 하지만 분식 회계를 해 놓으면 주가도 유지할 수 있고 자금 조달도 문제가 없을 거예요.

기업의 실적을 실제보다 더 좋아 보이게 꾸미는 분식 회계

그런데 이런 기업에 투자한 주주나 거래하는 기업, 돈을 빌려준 금융 회사와 채권자 입장에서는 어떨까요? 진실이 드러나면 재산상의 피해를 입겠지요. 빌려준 돈이나 물품을 거래한 대금을 못 받을 수도 있고 주가가 떨어져 투자금을 잃을 테니까요. 그래서 투자할 때는 투자하려는 기업의 재무제표를 항상 꼼꼼하게 살펴봐야 합니다.

많은 나라에서는 기업이 재무 상태를 거짓으로 만들 수 없도록 법으로 금지하고 있어요. 이를 위해 기업은 자체적으로 작성한 회계 장부를, 반드시 외부 감사인인 공인 회계사에게 감사받아야 하지요. 당국에 제출한 회계 감사 보고서는 금융 감독원Financial Supervisory Service, FSS이 다시 한 번 살펴보고 분식 회계 여부를 밝혀내는 '감리' 절차를 거쳐야 합니다. 또 분식 회계를 제대로 적발하지 못한 회계 법인은 영업 정지나 설립 인가 취소 등의 처벌을 받게 됩니다.

그럼에도 분식 회계 사건은 잊을 만하면 뉴스에 등장하지요. 해외 기업 중에는 엔론, 월드컴, 테스코, 도시바 등이 유명하고, 우리나라는 대우그룹, 대우조선해양, 대우건설, SK그룹 등 대기업을 비롯해 모뉴엘, 게임하이 등의 사례가 잘 알려져 있습니다.

2장

금융 상품

- ☑ 예금과 적금
- ☐ 대출
- ☐ 주식
- ☐ 펀드
- ☐ 채권
- ☐ 파생 상품
- ☐ 보험
- ☐ 신용 카드와 체크 카드
- ☐ 청약 통장
- ☐ 노후 연금

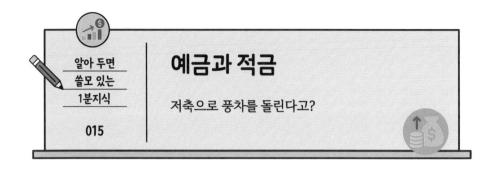

예금과 적금

저축으로 풍차를 돌린다고?

텔레비전 예능 프로그램에서 어느 연예인의 매니저 일을 하는 한 사회 초년생이 상담을 하러 은행에 갔습니다. 은행원이 적금 상품을 설명해 주는데, 그가 "적금과 예금은 뭐가 다른가요?"라고 물어보더라고요. 이 장면을 보고 저는 적금과 예금의 차이를 모든 사람이 알고 있는 건 아니라는 사실을 깨달았습니다.

먼저 저축의 개념을 알아볼게요. 저축은 '절약해서 모아 둠'을 뜻합니다. 보통은 돈을 모으는 경우를 가리킵니다. 은행에 가면 저축할 수 있는 여러 가지 금융 상품에 가입할 수 있는데, 적금과 예금이 대표적이에요.

적금은 금융 기관에 일정 금액을 일정 기간 동안 불입한 다음에 찾는 저금이에요. 적금은 한자로 쌓을 적積, 쇠 금金을 쓰는데, 돈을 쌓는다는 뜻이고요. 지금 당장 큰돈이 없는 사람이 적은 금액을 꾸준히 모아서 정해진 기간 이후에 목돈을 만들 생각으로 가입하는 금융 상품입니다. 은행 창구에서 가입할 수도 있고, 은행 앱을 통해 비대면으로 가입할 수도 있어요. 매달 입금하는 날짜와 입금하는 금액은 본인이 마음대로 정할 수 있습니다. 자신의 계좌에서 원하는 금액만큼 적금 통장으로 자동 입금하기 때문에 가입한 다음에는 따로 신경 쓸 것이 없어요. 6개월, 1년, 2년 등 정해 둔 기간이 지나면 본인이 가입할 때 지정한 계좌로 원금과 이자가 들어오지요. 가입자가 주기를 매일, 매주, 매달 등으로 자유롭게 정할 수 있는 자유 적금도 있답니다.

예금 중에서도 정기 예금은 일정 금액을 일정 기간 동안 금융 기관에 맡기고 정한 기한 안에는 찾지 않겠다고 약속하고 가입하는 예금이에요. 약속한 기한이 지나면 원금과 이자를 돌려받는 금융 상품입니다. 적금은 은행 계좌에 쌓이는 금액이 서서히 늘어나지만, 예금은 목돈을 처음에 한꺼번에 맡기기 때문에 적금보다 이자가 더 많이 붙어요.

돈에 이름을 붙여서 저축하면 보다 재미있게 모을 수 있다

여러분은 혹시 풍차 돌리기, 돈에 이름 붙이기 같은 저축 방법을 들어본 적이 있나요? 풍차 돌리기는 매달 새로운 적금이나 예금에 계속 가입하는 방법이에요. 예를 들어 1년 후 만기되는 예금을 12개월 동안 매달 가입했다면, 1년 후 12개월 동안 그동안 가입했던 예금 만기가 매달 돌아오는 거죠. 돈에 이름 붙이기는 적금이나 예금에 가입할 때 이 돈은 여행 자금, 자동차 구입 자금처럼 사용할 용도를 정해 두는 거예요. 목표가 명확하니까 저축하는 재미를 더 느낄 수 있지요.

그러면 왜 저축을 하는 걸까요? 큰돈을 마련하려면 수십 년 동안 꾸준히 저축해야 합니다. 그 과정이 꽤 지루할 수 있어요. 또 중간에 돈을 쓸 일이 생긴다면 가입할 때 정했던 만기를 채우지 못하고 중도에 해지해야 할 수도 있지요. 그래서 많은 사람이 재미도 느끼고 덜 지루한 저축 방식을 고민하다가 이런 저축 방법을 개발한 것이라고 해요.

여러분은 부모님께 받은 용돈을 아껴서 적금이나 예금에 가입해 보았나요? 아직은 가입하지 못했지만 앞으로 가입할 생각이 있다면 '태블릿 구입 자금'처럼 돈에 이름 붙이기 같은 저축 방법을 활용해 보면 어떨까요?

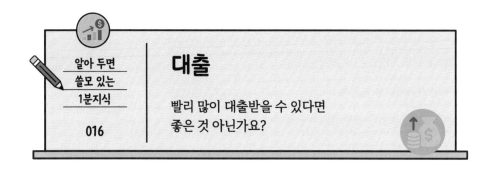

대출

빨리 많이 대출받을 수 있다면
좋은 것 아닌가요?

살다 보면 무언가를 사야 하는데 돈이 부족한 경우가 많죠. 예를 들어 대중교통이 불편한 지역에서는 직장에 다니려면 차가 꼭 필요한데, 저축한 돈만으로는 차를 살 수 없는 경우가 있습니다. 이럴 때 은행에서 돈을 빌릴 수 있어요. 이렇게 금융 기관에서 돈을 빌리는 것을 대출이라고 해요.

대출은 대체로 주택과 자동차를 구입할 때 그리고 학자금을 내야 할 때 받는 경우가 많아요. 본인이 갖고 있는 돈으로 집이나 자동차도 사고 학비도 내는 것이 가장 바람직하겠지요. 하지만 주택은 수억 원에서 수십억 원에 이르는 매우 비싼 상품입니다. 자동차도 신형은 가장 작은 경차라도 1,000만 원이 넘어요. 그러다 보니 저축으로 필요한 돈을 다 모으지 못했는데 소비를 먼저 해야 할 상황에 닥치면 대출을 받아서 쓴 다음 천천히 갚는 게 합리적일 수 있어요. 그 대신 일정 기간 동안 정해진 이자와 원금을 나누어 갚아야 하고요.

대출받을 때는 본인 소득과 보유 자산 규모, 매달 필요한 생활비와 이를 제외한 여유 자금 등을 잘 계산해서 얼마나 빌리는 게 적당할지 판단해야 해요. 예를 들어 한 달 월급이 300만 원인 사람이 생활비로 160만 원을 쓴다면 그 사람의 여유 자금은 140만 원입니다. 그렇다면 비상금으로 매달 80만 원을 남겨 놓고 60만 원 정도를 원금과 이자로 내는 조건의 대출 상품을 이용할 수 있다고 보는 거죠. 그런데 이 사람이 원금과 이자로 매달 250만 원을 내야 하는 대출을 받는다면 생활비로 50만 원

밖에 남지 않으니 생활을 유지할 수 없을 거예요.

개인이 은행에서 받을 수 있는 대출에는 크게 담보 대출과 신용 대출이 있어요. 담보 대출은 은행에서 돈을 빌리는 대신 집이나 자동차, 예금, 적금 등을 담보로 잡히는 대출이에요. 만약 돈을 갚지 못하면 은행은 담보로 잡은

주택 등 비싼 상품을 살 때 금융 회사에서 돈을 빌리는 것이 대출이다

집이나 자동차 등을 팔아서 원금과 이자를 가져가요. 신용 대출은 나의 신용 등급을 바탕으로 대출 금액의 한도와 이자율을 정하는 대출이에요. 일반적으로 이자율은 담보 대출보다 신용 대출이 더 높습니다. 그래서 신용 대출은 담보를 제공하기 어려울 때 받지요.

대출을 받을 수 있는 금융 회사로는 은행, 증권 회사, 저축 은행, 새마을 금고, 신용 카드 회사, 캐피털사 등이 있어요. 대출 이자율은 은행이 가장 낮아요. 10퍼센트를 넘는 경우는 거의 없답니다. 그다음이 제2금융권이라고 하는 증권 회사, 저축 은행, 신용 카드 회사 등이에요. 가급적이면 대출은 이자율 낮은 은행에서만 받는 게 좋아요. TV나 인터넷을 보면 쉽게 대출해 준다는 광고가 종종 나오지요. 이런 광고를 하는 곳은 대부분 이자율이 수십 퍼센트로 높은 업체들이니까 조심해야 합니다.

대출은 아무 데에서나 받으면 안 됩니다. 먼저 은행에서 받을 수 있는지 알아보고, 대출을 받을 수 있다면 꼭 여러 은행을 비교해 보세요. 가장 좋은 조건, 즉 가장 낮은 이자율로 대출을 받을 수 있도록 꼼꼼하게 따져 보아야 현명한 대출 상품 소비자가 될 수 있습니다.

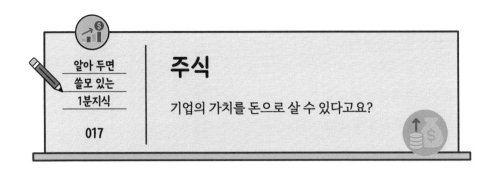

주식

기업의 가치를 돈으로 살 수 있다고요?

여러분이 자동차 만드는 회사를 창업한다고 생각해 봅시다. 가장 먼저 뭐가 필요할까요? 일단 자동차를 설계해야 하고, 그 밖에 엔진, 철판, 타이어 등 자동차를 만드는 데 필요한 각종 부품이 있어야 합니다. 부품이 준비되면 설계도에 따라 자동차를 조립하고 멋지게 페인트도 칠해야겠네요. 이렇게 자동차를 생산하려면 넓은 공장과 기계가 있어야 하고 자동차를 만들 사람도 많이 필요하겠지요. 또 전국 각지에 차를 전시하고 판매할 수 있는 지점과 판매 사원도 있어야죠. 이렇게 대강 따져 보기만 해도 이런 사업에는 돈이 적지 않게 들어가겠지요?

그래서 큰 사업을 하려면 여러 사람이 돈을 모아서 사업 자금을 마련해야 합니다. 이처럼 여럿이 돈을 모아서 운영하는 기업에 누가 얼마나 돈을 투자했는지 보여 주는 증서가 바로 주식이랍니다. 예를 들어 봅시다. 자동차 회사를 창업하기 위해서 친구 10명이 모였어요. 각각 1억 원씩 투자해서 10억 원을 모아 사업을 시작하기로 계획을 세웠어요. 이 기업이 주식을 100주 발행하고 10명의 친구들은 주식을 10주씩 나누어 가져요. 이때 주식은 1주 가격이 1,000만 원입니다. 이 주식 10주를 갖고 있으면 1억 원어치를 투자했다는 뜻이죠.

5년이 지났어요. 자동차가 잘 팔려서 회사가 쑥쑥 성장했죠. 10억 원짜리였던 이 회사의 가치는 50억 원으로 높아졌답니다. 어느 날 투자자 10명 중 1명인 지은이가 돈이 필요해서 주식을 팔기로 해요. 병헌이는 5억 원을 지은이에게 지불하고 그 주식을 샀습니다. 회사 가치가 5배로 늘어난 덕분에 지은이가 갖고 있던 10주(1억 원어치)의 가치도 5배로 높아졌기 때문이죠.

주식은 기업의 가치에 투자하는 것이다

이번엔 장사가 잘 안되는 경우를 생각해 볼까요? 똑같이 5년이 지났는데 회사 가치가 5억 원으로 낮아지고 말았어요. 자동차가 잘 안 팔려서 사업 자금을 까먹기만 했거든요. 이번엔 현빈이가 이 회사 주식을 팔기로 했어요. 성민이는 현빈이한테 5,000만 원을 주고 주식을 샀어요. 10억 원이었던 회사 가치가 절반으로 떨어지면서 현빈이가 원래 1억 원을 내고 받았던 자동차 회사의 주식 가치가 똑같이 반토막 난 거예요. 이처럼 주식은 기업 가치에 따라 가격이 오르내립니다.

회사 입장에서 주식은 사업을 시작할 수 있는 사업 자금, 즉 자본금을 뜻해요. 회사에 공장을 더 짓거나 설비를 보완하기 위해 사업 자금이 필요하면 주식을 더 발행해서 사업 자금을 추가 조달할 수 있어요. 주식은 회사가 이자를 내지 않고 사업 자금을 얻을 수 있는 수단이랍니다.

한 회사의 주식을 보유한 투자자를 주주라고 해요. 주주 입장에서 주식은 특정 회사의 주인임을 입증하는 증명서입니다. 주주는 회사 경영 실적이 좋으면 그 이익의 일부를 배당금으로 받을 수 있어요. 사업이 잘되어 기업 가치가 높아지면 주식을 팔아서 수익을 얻을 수도 있죠. 반대로 기업 가치가 떨어졌을 때 주식을 팔면 손해를 보고요. 그래서 주식을 사고팔 때는 기업 가치를 잘 살펴봐야 합니다.

주식은 주식 시장에서 거래해요. PC나 스마트폰 앱과 연동된 전산 시스템에서 거래하죠. 여러분 주변의 스마트폰, 모바일 게임 등을 만드는 회사도 주식 시장에서 주식을 사고팔 수 있는 곳이 많아요. 오늘부터 자신이 좋아하는 게임을 만드는 회사의 주식값이 얼마인지 한번 찾아보는 건 어때요?

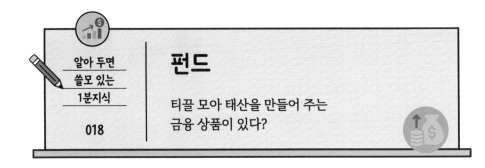

펀드

티끌 모아 태산을 만들어 주는
금융 상품이 있다?

여러분은 친구들과 함께 돈을 모아서 뭔가를 사 본 적이 있나요? 그런 경험이 있다면 아마 혼자서는 구입하기 힘든 비싼 것을 사려고 돈을 모았을 거예요. 이런 식으로 여러 사람의 돈을 모아서 투자하는 금융 상품을 펀드라고 해요.

어른들이 주식을 사거나 큰 빌딩을 사려고 할 때, 가격도 비싸고 투자하기 좋은 상품이 어떤 것인지를 결정하기 어려운 경우가 많아요. 또 돈은 있는데 회사 일이 너무 바빠서 투자할 대상을 하나하나 알아보기 힘들 때도 있지요.

펀드는 이런 사람들이 손쉽게 투자할 수 있는 상품이에요. 자산 운용 회사가 다수의 투자자에게서 돈을 모아 이 투자자들 대신에 펀드 자금을 여러 사업이나 빌딩 등에 투자한답니다. 한 사람이 펀드에 100만 원씩만 가입해도 10만 명이 가입하면 1,000억 원이라는 큰돈이 만들어지죠. 이런 식으로 모은 펀드 자금으로 혼자서는 할 수 없는 대규모 투자를 할 수 있어요. 예를 들면 미국 뉴욕의 큰 빌딩도 살 수 있고, 아라비아반도의 유전 발굴 사업에도 투자할 수 있는 거죠.

투자자 본인이 투자 대상을 알아보고 사고파는 것까지 알아서 하는 투자를 직접 투자라고 해요. 이와 달리 펀드처럼 전문가에게 내 돈을 맡겨서 투자하는 것은 간접 투자라고 하지요. 펀드 투자를 하면 우리가 투자에 들여야 하는 노력과 시간을 아낄 수 있어요. 펀드 투자 전문가가 우리를 대신해서 투자할 대상을 잘 골라 놓았다가 투자해 주기 때문이죠.

여러 사람에게서 투자금을 모아 대규모 사업에 투자하는 펀드

펀드는 투자금을 여러 대상에 나누어서 투자하기 때문에 위험을 분산하는 효과가 있어요. 만약 어떤 기업의 주식만 샀는데 그 기업이 부도가 나면 투자자는 원금을 잃게 돼요. 하지만 같은 돈으로 100개 기업의 주식을 샀다면 그중 1개 기업이 망해도 다른 99개사가 돈을 잘 벌면 높은 수익을 올릴 수 있죠.

펀드는 여러 사람을 대상으로 하는 상품이기 때문에 공정하게 운용할 수 있도록 법으로 여러 가지 규칙을 엄격하게 정해 놓았어요. 예를 들면 사람들이 펀드에 가입할 때 낸 돈은 그 펀드를 대신 투자하는 자산 운용 회사가 아닌 별도의 금융 회사에 맡겨야 하고, 분기마다 펀드를 어떻게 운용하고 있는지 꼬박꼬박 보고서를 작성해서 투자자에게 보내야 하는 등 여러 가지 안전장치가 마련되어 있습니다.

펀드 같은 간접 투자는 우리가 할 일을 누군가에게 맡기는 행위입니다. 이는 그에 따른 비용을 지불해야 한다는 뜻이기도 해요. 그래서 펀드에 가입하면 약간의 수수료를 내야 해요. 또한 펀드는 원금을 보장하지 않기 때문에 투자 성과가 좋지 않으면 손해를 볼 수 있답니다.

그러니까 여러분이 나중에 펀드에 가입할 때는 먼저 투자하는 대상이나 사업은 어떤 것인지, 펀드를 담당하는 펀드 매니저의 투자 성향이나 실적은 어떤지 먼저 꼼꼼하게 잘 살펴 보아야 해요.

채권

이자만 많이 준다면
아무에게나 돈을 빌려줘도 될까?

여러분은 친구에게 돈을 빌려주면서 "몇 월 며칠까지 꼭 갚겠다"고 약속하는 메모를 받아본 적이 있나요? 아니면 여러분이 친구에게 빌리면서 "언제까지 꼭 갚을게"라는 메모를 써 준 적은요? 그런 경험이 있다면 여러분은 벌써 채권 거래를 해본 거랍니다. 이렇게 돈을 빌리는 상황에서 빌린 돈의 액수와 갚는 날짜, 이자율 등의 내용을 적은 문서가 바로 채권이거든요.

일반적으로 채권은 정부나 공공 기관, 주식회사 같은 곳에서 큰돈이 필요할 때 발행해요. 도로를 새로 만들거나 큰 공장을 지으려면 적게는 수백억 원에서부터 수천억 원에 이르기까지 어마어마한 자금이 필요합니다. 그런 경우 정부나 기업은 채권을 발행해서 여유 자금이 있는 투자 회사나 기업, 개인에게 팔고 그 돈으로 대규모 사업을 진행할 수 있지요. 그리고 그 사업으로 열심히 돈을 벌어서 정해진 기간이 지나면 채권 매수자에게 빌린 원금과 이자를 갚습니다.

주식 시장에서 주식을 거래하듯이 채권도 채권 시장에서 자유롭게 사고팔 수 있어요. 채권을 산 사람은 약속된 기간이 지나면 이자와 원금을 돌려받습니다. 이자만 받다가 중간에 채권을 다른 사람한테 팔 수도 있어요. 이런 경우에는 주식과 마찬가지로 채권을 사들인 가격에 따라 팔 때 차익을 얻거나 손실을 입을 수도 있기 때문에 잘 판단해야 합니다.

채권은 이자율이 높으면 위험도도 높고 이자율이 낮으면 위험도도 낮습니다. 왜 그럴까요?

혜성이가 방학 동안 군고구마 장사를 하려고 윤아에게 50만 원을 빌리는 상황을 가정해 봅시다. 이자는 연 5퍼센트이고, 군고구마를 팔아 돈을 벌어서 1년 후 갚기로 하고 돈을 언제 어떻게 갚을지 정했어요. 그리고 이 내용을 문서로 정리한 채권을 윤아에게 한 장 써 줘요. 윤아 입장에서 보면 50만 원을 주고 연 5퍼센트 이자를 받는 1년 만기 채권을 하나 산 거죠.

채권의 이자율이 높다는 것은 그 기업의 신용 등급이 낮다는 뜻이다

1년이 지났어요. 그런데 혜성이가 장사가 잘 안돼 힘들다면서 1년만 더 있다 갚을 수 있게 해달라는 거예요. 윤아는 덜컥 겁이 나요. 빌려준 50만 원을 돌려받지 못할 수도 있다는 생각이 들었거든요. 윤아가 망설이자 혜성이가 새로운 제안을 해요. 이자율을 20퍼센트로 올려주겠다고 말이죠. 윤아는 이자를 전보다 4배 많이 받을 수 있게 되자 그렇다면 위험을 무릅쓰고 1년 더 빌려주기로 해요.

이 상황에서 혜성이는 빌린 돈을 제때 갚지 못했어요. 약속을 지키지 못했으니까 신용이 전보다 나빠졌어요. 이런 혜성이가 앞으로 돈을 계속 빌리려면 어떻게 해야 할까요? 아마도 이자를 더 많이 준다고 해야 그나마 빌려줄 사람이 나타나겠지요.

그래서 채권의 이자율이 높을수록 그 발행자가 제때 이자와 원금을 갚지 못하고 부도가 날 위험도 커요. 거꾸로 이자율이 낮은 채권이라면 채권 발행자가 부도내지 않고 잘 갚을 가능성이 높지요. 그러니까 채권에 투자할 때는 이자율만 보지 말고 채권을 발행한 회사가 사업을 잘하고 있는지, 수익은 얼마나 내고 있는지 등을 따져 봐야 해요. 이런 특성 때문에 채권에는 신용 등급을 매기도록 법으로 정해 놨어요. 덕분에 투자자는 채권을 사기 전에 여러 채권의 신용 등급을 비교해 보면서 살지 말지를 판단할 수 있답니다.

파생 상품

인기 많은 굿즈를 선점하고 싶은 마음이
투자와 만나면?

어떤 제품을 꼭 사고 싶어서 열심히 돈을 모았는데, 막상 그 제품을 사러 갔더니 전에 봤을 때보다 가격이 비싸져서 당황한 경험이 있나요? 이런 경우 우리는 쌀 때 먼저 찜해 놓고 돈을 나중에 낼 수 있었으면 좋았을 텐데 하고 생각합니다. 살다 보면 이런 경우가 적지 않은데요. 파생 상품financial derivatives은 이런 상황을 반영해서 만들어진 금융 상품입니다. 대표적인 파생 상품으로는 선도 거래forward transaction, 선물 거래futures transaction, 옵션 거래option trading, 스와프 거래swap transaction 등을 들 수 있어요.

선도 거래란 어떤 상품 몇 개를 얼마에 거래하자는 계약을 현재 시점에 체결하고, 실제 물건은 일정 기간이 지나서 주고받는 거예요. 예를 들어 인기 많은 아이돌 가수의 굿즈를 원하는 사람이 많아서 품절 대란이 일어났어요. 그런데 공장에서 굿즈를 더 생산하려면 3개월이 걸린다고 해요. 그러면 우리는 일단 지금 굿즈를 결제해 놓고 3개월 후 생산된 물건을 받기도 하죠. 이게 바로 선도 거래예요. 선도 거래는 거래를 하는 사람들끼리 누구나 할 수 있는 사적私的 거래입니다. 그중에서도 정부의 허가를 받고 시스템을 갖춰서 공식적으로 거래하는 경우를 선물 거래라고 합니다.

통화, 원자재, 곡물, 주식, 채권 같은 기초 자산들은 모두 가격이 오르락내리락하는데요. 이 기초 자산에 투자했을 때 입을 수 있는 손실 위험을 피할 수 있도록 만든 상품이 바로 선물 거래입니다.

예를 들어 휴대폰을 만드는 회사가 미국에 상품을 수출하고 물건값을 한 달 후에 달러로 받기로 계약했습니다. 1달러가 1,000원일 때 계약을 맺었다면 휴대폰 한 대가 원화로 1만 원(10달러)인 경우, 10대를 수출하면 10만 원(100달러)어치죠. 회사는 100달러를 받기로 하고 휴대폰을 10대 수출했어요. 그런데 대금을 받는 시점에 갑자기 원달러 환율이 내려가서 1달러가 500원이 되었어요. 그러면 이 회사가 받은 100달러는

선물 거래　　　　　선도 거래

스와프 거래　　　　옵션 거래

파생 상품의 종류

원화로 바꾸면 50만 원이 되니까 손실을 보겠지요. 그래서 수출 기업들은 이처럼 환율 때문에 발생할 수 있는 손실 위험을 피하기 위해서 계약 시점의 환율로 정해 놓고 거래할 수 있는 선물환先物換이라는 파생 상품 거래를 한답니다.

파생 상품은 손실 위험을 줄이기 위해 만들어졌어요. 그런데 기업, 금융 회사나 국가처럼 덩치 큰 기관이 파생 상품을 거래할 때는 대개 그 금액이 엄청나게 큽니다. 그러다 보니 거래 대금을 매번 주고받기가 어려워서 물건값의 15퍼센트만 내고 거래할 수 있는 제도가 생겼어요. 이 돈을 증거금이라고 하는데요. 적은 금액으로 대규모 거래를 하니까 수익률이 상대적으로 더 높을 수 있지요. 물론 손해를 보면 손실 금액도 엄청나게 많아지기 때문에 매우 위험하고요.

실제로 이런 파생 상품에 투자를 잘못해서 망한 금융 회사도 있어요. 1995년에 영국 베어링 은행Barings Bank의 파생 상품 투자 부서 직원이 일본 주가 지수 선물stock index future(특정 주가 지수를 대상으로 하는 금융 선물)에 투자했다가 14억 달러(약 1조 8,000억 원)의 손실을 입었습니다. 그 여파로 설립된 지 233년이나 된 유서 깊은 대형 금융 회사 베어링 은행이 결국 파산하고 말았어요. 무시무시하죠?

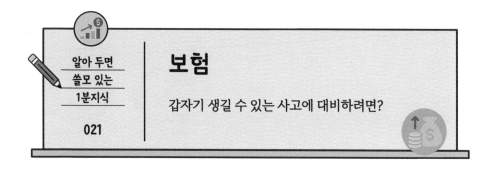

보험

갑자기 생길 수 있는 사고에 대비하려면?

우리가 살다 보면 예상치 못한 큰일이 갑자기 생기기도 해요. 교통사고를 당하거나 심각한 병에 걸리기도 하죠. 평소에 열심히 저축해 놓았어도 혼자서 모든 일에 다 대처하는 것은 어려울 때가 많습니다. 그래서 많은 사람이 같은 목적으로 돈을 모아 놓았다가 갑작스러운 사고 등을 당하면 돌아가면서 목돈을 받을 수 있게 해주는 금융 상품이 생겼죠. 이게 바로 보험이에요. 보험에는 누구나 자유롭게 가입하는 개인 보험과, 국가가 국민에게 의무적으로 가입하게 하는 사회 보험이 있어요.

개인 보험은 개인이 보험 회사를 통해서 가입해요. 생명 보험, 손해 보험, 교육 보험 등이 있지요. 생명 보험은 사고로 다치거나 질병에 걸렸을 때, 또 사망했을 때 보상을 받아요. 보험 회사에 내는 보험료는 나중에 내가 보상금으로 받고자 하는 금액과 나이, 건강 상태, 직업 등에 따라 달라집니다. 손해 보험은 교통사고나 화재, 도난, 자연재해 등으로 인해 예상하지 못한 피해를 보상받을 수 있어요. 하지만 이런 피해가 발생하지 않는다면 보험료를 열심히 냈어도 보상금을 받을 일이 없지요. 이런 보험을 소모성 보험이라고 해요.

국가가 관리하는 사회 보험은 흔히 '4대 보험'이라고 하는데요. 연금 보험(국민 연금), 국민 건강 보험, 고용 보험, 산업 재해 보상 보험 등 네 가지랍니다. 일정 규모 이상의 기업은 법에 따라 직원의 4대 보험료 절반을 함께 내주고 있어요.

국민 연금에는 18세 이상 60세 미만의 국민이 모두 의무적으로 가입해요. 소득에 따라 내는 금액은 다릅니다. 61세 이상이 되거나 장애를 입어 일할 수 없을 때, 사망했을 때 국민 연금을 받을 수 있어요. 국민 건강 보험은 흔히 의료 보험이라고도 하죠. 보

갑작스러운 사고나 재해, 질병, 실업 등을 겪을 때 가정을 보호해 주는 것이 보험이다

통 병원과 약국에서 의료 보험의 혜택을 볼 수 있는데요. 질병, 부상, 출산, 치료, 수술, 입원 등에 따른 의료비 일부를 건강 보험에서 받을 수 있어요. 국민 각자의 수입과 재산 정도에 따라 내는 보험료는 모두 다릅니다.

고용 보험은 근로자가 정리 해고 등으로 인해 직장을 잃었을 때, 새 일자리를 찾는 동안 생활비 등으로 쓸 수 있도록 실업 급여를 받을 수 있게 해 주는 보험이에요. 근로자가 직장을 더 다니기 싫어서 스스로 그만두었다면 실업 급여를 받을 수 없어요. 산업 재해 보상 보험, 즉 산재 보험은 공사 현장 등에서 일하던 근로자가 갑자기 사고를 당해서 다치거나 사망했을 때, 해당 근로자나 유족들이 보상금을 받을 수 있는 보험이에요. 산재 보험료는 전액 사업주가 낸답니다.

보험은 종류도 많고 사람마다 보장받기를 원하는 조건이 다 달라서 복잡하고 어렵습니다. 그래서 보험 설계사라는 전문 인력이 보험 가입을 원하는 사람들을 도와줘요. 요즘에는 보험 설계사의 도움을 받지 않아도 인터넷이나 스마트폰 앱으로 가입할 수 있는 보험 상품도 많아졌죠.

생명 보험 같은 개인 보험은 일단 가입하면 수십 년 동안 보험료를 꾸준히 내야 해요. 매달 내는 보험료는 저렴하지만 수십 년치를 합하면 의외로 비싼 금융 상품이에요. 그러니까 개인 보험에 가입하기 전에는 해약하지 않고 오랫동안 유지할 수 있는 보험료 수준을 정해야 합니다. 그리고 비슷한 보험료로 어느 정도 보장을 받을 수 있는지 여러 보험 상품들을 꼼꼼하게 비교해 보아야 해요.

신용 카드와 체크 카드

현금이 있어도 굳이 카드를 쓰는 이유는?

요즘에는 식당이나 마트에서 음식값이나 물건값을 낼 때 현금보다는 신용 카드를 더 많이 사용합니다. 신용 카드는 현금 없이 물건이나 서비스를 구매할 수 있는 수단인데요. 모든 신용 카드에는 소유자의 신용에 따라 쓸 수 있는 금액의 한도가 미리 정해져 있어요. 그러니까 신용 카드가 있다고 해서 사고 싶은 것을 무한정 구입할 수 있는 건 아니지요. 정해진 한도 내에서 신용 카드로 미리 결제하고, 매달 정해진 날짜에 지난달에 사용한 금액을 한꺼번에 갚는 방식이거든요.

신용 카드는 여러모로 편리한 결제 수단이에요. 수십만 원에서 수백만 원쯤 되는 큰 금액을 결제해야 하는 상황에서 현금을 잔뜩 준비할 필요 없이 조그만 플라스틱 카드 한 장만 있으면 되거든요. 또 따로 잔돈을 받을 필요도 없어서 간편하고요. 또 큰 금액을 한꺼번에 갚기 어렵다면 신용 카드로 몇 개월에 걸쳐 나눠서 갚는 할부 구매도 가능하죠.

하지만 신용 카드는 조심해서 사용해야 해요. 당장 주머니에서 돈이 빠져나가지 않기 때문에 사용 규모에 둔감해질 수 있거든요. 그러면 과소비하게 될 위험도 있답니다. 예를 들어 100만 원짜리 물건을 살 때 현금을 낸다면 1만 원짜리 지폐 100장이 필요한데요. 실물 지폐 한 뭉치를 상점 직원에게 건네면서 큰 금액을 낸다는 부담을 확 느낄 수 있겠지요. 하지만 신용 카드를 쓰면 작은 카드 한 장을 내밀 뿐이니 현금을 쓸 때에 비해 부담의 강도가 약할 수 있어요.

또한 신용 카드 사용 한도는 월급보다 훨씬 높은 경우가 많아요. 그래서 마구 쓰다 보면 이용 금액을 제대로 갚지 못하고 결국 신용 불량자가 될 수 있어요. 신용 불량자가 되면 신규 대출, 카드 발급 등 각종 신용 거래를 할 수 없어요. 또 이런 기록은 신용 평

신용 카드를 아무 생각 없이 쓰다 보면 신용 불량자가 될 수 있다

가 기관에 오래 남기 때문에 불이익을 받을 수도 있어요.

이와 같은 문제를 방지하고 싶다면 신용 카드보다는 체크 카드를 사용하는 게 좋아요. 체크 카드는 신용 카드와 똑같이 생겼지만, 결제한 금액이 해당 체크 카드와 연결된 은행 계좌에서 즉시 빠져나가죠. 한 달치 생활비나 용돈을 계좌에 입금해 놓고, 그 한도 안에서만 체크 카드를 사용하면 합리적으로 소비할 수 있답니다.

그렇다면 신용 불량의 위험성이 비교적 낮은 체크 카드만 사용하면 될 텐데 신용 카드를 함께 쓰는 이유는 뭘까요? 신용 카드 이용 대금을 꼬박꼬박 잘 갚으면 신용도가 높아져요. 신용도가 좋으면 나중에 집을 사는 등 아주 큰돈이 필요할 때 낮은 금리로 대출을 받을 수 있어서 유리해요. 또 살다 보면 갑자기 가족이 아파서 입원이나 수술을 해야 하는 일도 있고, 냉장고나 자동차가 갑자기 고장이 난다거나 하는 등 급하게 큰돈을 사용할 일이 생길 수 있잖아요. 이런 경우 신용 카드가 있으면 바로바로 쉽게 결제할 수 있죠.

앞으로 여러분이 신용 카드를 발급받는다면 신용 카드와 체크 카드의 특징을 잘 기억해서 현명하게 이용할 수 있겠지요?

청약 통장

아파트를 살 수 있는 통장이 있다?

여러분 중에는 지금 아파트에 살고 있거나 살아본 사람들이 적지 않을 텐데요. 새 아파트를 분양받으려면 꼭 만들어야 하는 통장이 있어요. 청약 통장이 바로 그것입니다. 정식 명칭은 '주택 청약 종합 저축'이라고 해요. 대한민국 인구의 절반 정도가 가입한 통장입니다. 한국부동산원 청약홈에 따르면 2023년 7월 말 기준으로 주택 청약 종합 저축에 가입한 전국 가입자 수는 2,583만 명이나 된답니다.

가입자들은 청약 통장을 만들고 나면 일정한 기간, 일정 금액 이상을 예금해 놓아야 해요. 살고 싶은 지역을 미리 골라 놓았다가 그 지역에 새 아파트를 짓는다는 계획이 발표되면 "이 아파트에 살고 싶어요" 하고 신청해요. 그러면 청약 통장에 가입한 기간과 금액, 현재 주택을 소유하고 있는지 여부, 부양가족 수 등 여러 기준에 따라 신청자들의 점수를 매기고 점수가 높은 사람 중에서 추첨을 해서 새 아파트를 구입할 수 있는 사람을 선정합니다.

우리가 청약할 수 있는 아파트는 크게 국민 주택과 민영 주택으로 나눌 수 있어요. 국민 주택은 국가, 지방 자치 단체(지자체), 한국 토지 주택 공사Korea Land and Housing Corporation, LH, 지방 공사 등이 짓는 전용 면적 85제곱미터 이하의 아파트를 말해요. 또한 국가, 지자체 재정 또는 주택 도시 기금을 지원받아 건설하거나 개량하는 주거 전용 면적 85제곱미터 이하의 아파트도 해당됩니다. 이런 아파트가 아니면 모두 민간 건설 회사가 짓는 민영 주택이에요. 이런 주택 공급 정보는 청약홈 홈페이지

우리나라에서 새 아파트를 분양받으려면 청약 통장이 있어야 한다

에서 확인할 수 있어요. 이 홈페이지에는 입주자 모집 공고와 일정 등이 나옵니다.

청약 통장에는 2만 원 이상부터 입금할 수 있어요. 적금처럼 매달 입금하면서 가입 기간 조건도 맞추고 금액도 서서히 모으는 경우가 일반적이에요. 한 번에 목돈을 넣어도 되긴 하지만 이 경우에는 공공 분양(국민 주택) 아파트에는 청약 신청을 할 수 없어요. 공공 분양은 청약 통장에 꾸준히 입금한 횟수가 중요하거든요. 공공 분양을 받기 위해 청약 자격 1순위가 되려면 청약 통장에 2년 이상 적립을 해야 하고, 납입 횟수도 24회 이상이어야 합니다. 하지만 민영 주택 분양은 예치금과 기간만 맞으면 누구든 청약을 할 수 있습니다. 또 살고 싶은 지역과 원하는 아파트 면적에 따라 최소한의 청약 통장 예금액도 다릅니다. 그래서 살고 싶은 지역이나 원하는 면적에 따른 청약 통장의 가입 기간, 예금액 등의 조건을 잘 살펴봐야 합니다.

어린 자녀에게 청약 통장을 일찌감치 만들어 주는 부모님도 있습니다. 하지만 미성년자의 청약 통장 가입 기간은 2년만 인정받기 때문에 17세부터 가입하는 게 좋아요. 다만 가입하는 나이에 제한은 없으니까 어릴 때부터 청약 통장에 용돈을 조금씩 모아보겠다면 일찍 만들어도 아무런 문제가 없습니다.

여러분도 언젠가 자신만의 새 아파트를 갖고 싶다면 청약 통장을 미리 만들어 두는 것도 좋겠네요.

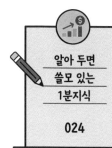

노후 연금

알아 두면
쓸모 있는
1분지식

024

왜 나라에서는 의무적으로
국민 연금에 가입하게 할까?

여러분은 한 달 동안 생활하는 데 필요한 돈을 어떻게 마련하나요? 대부분 부모님에게서 용돈을 받을 텐데요. 그러면 부모님은 여러분에게 줄 용돈과 생활비를 어떻게 마련하실까요? 직장에서 월급을 받거나 자영업을 해서 번 돈으로 생활비를 마련하실 거예요. 그런데 부모님이 은퇴하신 다음에는 이 생활비를 어떻게 해결해야 하는지 생각해 본 적이 있나요?

사람은 누구나 나이를 먹어요. 노년기에 접어들면 더 이상 일을 해서 돈을 벌기 어려워지고요. 그래서 은퇴 후의 생활을 대비해서 젊을 때 미리미리 저축도 하고 투자도 하면서 노후 자금을 준비해야 합니다. 이처럼 노후에 대비해 저축하고 투자하는 금융 상품이 연금이에요. 연금에 가입하면 노후에 10년 이상 장기간 꾸준히 일정한 금액을 받을 수 있어요. 이러한 노후 연금은 보통 55세 이후부터 받을 수 있어요. 노년기의 생활비를 준비하는 용도이기 때문에 이 돈을 활용할 수 있는 나이가 정해져 있는 게 특징이지요.

노후 연금에는 개인 연금, 퇴직 연금, 국민 연금 등이 있어요. 개인 연금은 개인이 은행, 증권 회사, 보험 회사 등의 금융 회사에서 다양한 형태의 금융 상품으로 자유롭게 가입할 수 있어요. 퇴직 연금은 법에 따라 기업에서 운영하는 제도입니다. 근로자가 한 회사에서 1년 이상 일하면 한 달치 급여 정도를 매년 회사에서 따로 적립했다가 퇴직할 때 지급하는 돈이 퇴직금인데요. 이 퇴직금만 따로 운용하는 퇴직 연금 계좌에 모아 두었다가 은퇴하면 연금으로 나누어 받는 거예요. 국가가 모든 국민에게 의무적으로 가입하도록 하는 연금도 있어요. 우리나라에서는 이를 국민 연금이라고 합니다. 이어지는 내용에서 살펴보겠지만, 국민의 노후가 불안정하면 사

은퇴 후에 안정적으로 생활하려면 미리 노후 연금을 준비해야 한다

회 전체가 불안해질 수 있는데요. 그런 일이 일어나는 것을 막기 위해 정부에서 모든 국민이 꼭 가입하도록 법으로 정해 놓은 거예요.

그렇다면 이러한 연금들은 왜 생겨났을까요? 지금처럼 산업화가 이루어지기 전에 대부분의 사람이 농사를 지어 먹고 살았던 시절에는 딱히 은퇴라는 개념이 없었습니다. 노인이 되어 일하기 힘든 나이가 되어도 가족들이 노인을 보살필 수 있었거든요. 하지만 산업화, 도시화되면서 도시에서 직장 생활을 하는 사람들이 점점 많아졌죠. 그러자 노년기에 정년퇴직을 하면서 더 이상 월급을 받지 못하는 사람들도 늘어났어요. 또한 대가족 제도가 무너지고 핵가족, 나아가 1인 가구가 확대되는 시대가 되었어요. 평균 수명도 점점 길어지고 있죠. 일하는 기간보다 은퇴 후 살아야 할 기간이 더 길어지면서 노후 불안은 큰 사회 문제가 되고 있답니다. 자연히 은퇴 이후 생계 문제가 부각되면서 연금 제도의 필요성도 커졌죠. 이제 우리는 미리미리 노후를 준비해 두지 않으면 나중에 매일매일 생활비를 어떻게 마련할지 걱정하며 살아야 하는 시대에 살고 있답니다.

적극적인 주주의 기업 가치 올리기
_행동주의 투자

2022년에 인기를 끌었던 〈재벌집 막내아들〉이라는 드라마에는 흥미롭게도 행동주의 투자를 묘사한 내용이 나옵니다. 드라마 후반부에 투자 회사인 미라클인베스트먼트의 전문 경영인 오세현 대표가 순양그룹을 상대하는 행동주의 헤지 펀드hedge fund(단기간에 고수익을 추구하는 민간 투자 신탁)를 이끌지요. 드라마에서는 투자한 기업 앞에서 오세현 대표가 소액 주주들과 함께 시위를 벌이는 모습이 나옵니다. 그렇다면 현실에서 행동주의 투자가 어떻게 이루어지는지 좀 더 알아볼까요?

주식 투자는 주식 시장에서 마음에 드는 기업의 주식을 매수해서 일정 기간 보유하다가 주가가 오르면 배당금을 받거나 매도해서 차익을 얻는 방식으로 이루어집니다. 좀 더 적극적인 투자자라도 투자한 기업의 주식 담당자에게 궁금한 점을 물어보거나 주주 총회에 참석해서 경영진에게 질문을 하는 정도지요. 하지만 기업이 이런 질문에 원하는 대답을 해 주지 않을 수도 있고, 대답해 주더라도 대답한 내용과는 다른 방향으로 기업이 경영될 수도 있는데요.

행동주의 투자는 기업 실적을 예상해 투자하는 소극적인 수준의 투자에서 벗어난 투자 방식입니다. 먼저 특정 기업의 주식을 대량으로 사들인 후 주요 주주가 되어 의결권을 확보합니다. 그런 다음 해당 기업에 자산 매각, 구조 조정, 지배 구조 개선 등을 요구해 기업 가치를 올리면서 수익을 추구하는 매우 적극적인 투자 전략이지요.

국내에 행동주의 투자가 알려진 계기는 2006년에 '장하성 펀드'가 등장하면서부터였어요. 정식 명칭은 '한국 기업 지배 구조 개선 펀드'인데, 소액 주주 운동을 주도하며 재벌 개혁 논의를 전개한 경제학자 장하성 교수가 이 펀드의 고문으로 참여하면서 장하성 펀드라는 별칭이 붙었지요. 이 펀드는 미국 자산 운용사인 라자드자산운용이 한국에 설정해 운용하는 사모 펀드private equity fund(소수의 투자자에게서 비공개로 자금을 모아 주식과 채권 따위에 투자해 운용하는 펀드)입니다

정식 펀드 명칭에서 알 수 있듯이, 장하성 펀드는 먼저 잘못된 지배 구조 때문에 주식 시장에서 저평가받는 기업의 주식을 사들입니다. 그러고 나서 해당 기업에 사외 이사와 감사를 파견하고 배당을 늘리라고 요구하는 등의 방법으로 기업의 지배 구조를 개선해 기업 가치를 높이고 투자 수익을 얻고자 했어요. 그밖에도 삼성물산과 제일모직 합병에 반대하며 소송을 제기했던 엘리엇 매니지먼트도 행동주의 펀드로 유명하지요.

우리나라의 재벌 중에는 미미한 지분으로 전체 그룹 계열사의 경영을 좌우하는 곳도 있어요. 또한 기업 이익을 재벌 가문으로 빼돌리거나 수익성이 좋은 계열사의 돈으로 부실한 다른 계열사에 지원하는 경우가 적지 않았어요. 소액 주주 운동에는 이러한 개별 기업 주주들의 이익보다 재벌 가문의 이익을 위한 경영 행태를 바로잡자는 취지도 있었습니다.

행동주의 투자는 기업 지배 구조 개선과 주주 환원 확대에 기여한다는 긍정적 평가도 받지만, 단기 차익만을 노려 기업의 경영권을 위협할 수 있다는 부정적 평가도 받습니다.

3장

금융의 역사와 주요 사건

- ☑ 금융의 여명기
- ☐ 십자군 원정
- ☐ 대항해 시대
- ☐ 네덜란드 튤립 투기
- ☐ 금 본위 제도
- ☐ 브레턴우즈 체제
- ☐ 1929년 대공황
- ☐ 1987년 블랙 먼데이
- ☐ 1997년 경제 위기
- ☐ 2002년 신용 카드 대란
- ☐ 2007~2008년 세계 금융 위기
- ☐ 2020~2022년 코로나-19 팬데믹

금융의 여명기

유대인 대금업자들이 악독한 이미지를
갖게 된 이유는?

윌리엄 셰익스피어William Shakespeare가 14세기 이탈리아 베네치아를 배경으로 쓴 희곡 『베니스의 상인The Merchant of Venice』에는 샤일록Shylock이라는 유대인 고리대금업자가 등장합니다. 이 작품은 샤일록이 베니스의 상인 안토니오Antonio에게 배를 담보로 돈을 빌려주면서, 돈을 갚지 못할 때는 그의 살 1파운드를 요구한 내용으로 유명하지요. 많은 이들은 이 작품을 유대인 고리대금업자의 극악무도함에 맞서 친구도 지키고 사랑도 이루는 주인공들의 승리담, 샤일록의 탐욕에 대한 이야기로 기억합니다. 이 희곡에서 우리는 금융의 초기 모습을 엿볼 수 있어요.

주인공들은 왜 은행이 아닌 유대인 고리대금업자에게 돈을 빌려서 그런 고생을 했을까요? 당시에는 은행이 아직 없었기 때문이에요. 사람들이 상거래를 하고 금화, 은화 같은 화폐도 만들어서 썼지만 은행은 없었어요. 하지만 누군가 중간에서 돈을 빌리고 빌려주는 역할을 해야 했을 텐데요. 그 역할을 담당한 이들이 바로 유대인이었어요.

중세 때 로마 가톨릭교회는 기독교인이 돈거래를 하고 이자를 받는 행위를 금지했어요. 즉 기독교인은 돈을 빌려주고 이자를 받는 대출 사업(대금업)을 할 수 없었던 거지요. 하지만 유대교를 믿는 유대인은 기독교인이 아니었기 때문에 이자를 받고 돈을 빌려주는 거래를 할 수 있었답니다. 그래서 당시에는 유대인이 대금업을 합법적으로 독점한 것이나 마찬가지였죠.

당시의 대금업은 요즘의 은행처럼 체계적인 금융 산업 시스템을 갖추지 못했어요. 그냥 유대인 개인이 소규모로 알아서 운영했지요. 이는 돈을 빌리러 온 사람들의 신용 등급이나 자산 규모를 객관적으로 확인할 수 있는 안전장치가 없다는 뜻이기도 해요. 그래서 대금

중세 시대에는 유대인 대금업자가 은행의 역할을 대신했다

업자는 빌려준 돈을 떼이는 경우가 상당히 많았대요. 이 때문에 이자는 고사하고 원금까지 못 받을 위험을 감안해서 금리를 높게 불렀고 또 담보도 세게 잡았다고 해요. 샤일록이 요구한 살 1파운드처럼 목숨을 담보로 잡는 지독한 거래 조건들이 실제로도 있었다고 합니다.

이런 당시 시대적 배경을 고려해서 『베니스의 상인』을 다시 읽어 보면, 아직 원시적인 수준이었던 초기 금융업의 모습을 생생하게 알 수 있습니다. 요즘으로 치면 영세한 구멍가게 수준으로 이자 수익만 기대하는 사업이지요. 하지만 고객군은 한정되어 있는 데다가 위험(리스크)이 매우 높고 분산 투자도 제대로 이루어지지 않은 매우 난도가 높은 사업이었어요.

게다가 유대인은 손해를 줄이려고 계속 금리를 비싸게, 조건은 까다롭게 걸다 보니 사회적으로 점점 더 비난을 많이 받는 사람들이 되고 말았어요, 이렇게 '고리대금' 때문에 이미지가 나빴던 초기 대금업은 시간이 흐르면서 서서히 근대적인 은행으로 발전합니다.

십자군 원정

십자군은 어떻게 금융의 달인이 되었을까?

11세기 말에서부터 13세기 말 사이에 유럽의 기독교인이 성지인 팔레스타인과 예루살렘을 이슬람교도들로부터 탈환하기 위해 십자군 전쟁을 벌였습니다. 십자군은 유럽 기독교 국가의 기사들로 이루어진 기사단을 말하는데요. 이 십자군이 사실상의 은행 역할을 했다는 사실을 아시나요?

신앙심으로 무장한 성스러운 기사단과 은행이라니, 뭔가 잘 어울리지 않는 조합입니다. 하지만 이들이 금융업을 담당하게 된 것은 역사적 맥락에서 생각하면 그리 이상한 일은 아니에요. 십자군은 유럽 내륙에서부터 예루살렘까지 먼 거리를 육로로 말을 타고 이동했어요. 수많은 기사들이 한꺼번에 장거리를 이동하는 상황이었죠. 이 과정에는 여러 가지 물자가 필요하고 비용도 많이 들 수밖에 없습니다. 즉 십자군이 장거리를 순례하는 동안 거액의 예산을 운용해야 했다는 뜻입니다.

기본적인 생활을 하는 데 필요한 수많은 경비를 처리해야 하는 데다가, 국경선을 여러 번 넘으며 이동하다 보면 각 나라의 화폐를 환전하고 지급하고 결제해야 했어요. 의도하지는 않았지만 십자군 전쟁에 참여하는 과정에서 저절로 금융의 달인 집단이 되었다고나 할까요. 게다가 유럽 곳곳의 기독교인들은 어려운 길을 떠나는 십자군에게 존경과 찬사를 보내는 동시에 땅이나 돈을 기부하는 경우가 적지 않았다고 해요. 그래서 십자군 기사들은 큰 자산을 보유한 부자가 많았다고 합니다.

시간이 흐르고 흘러 십자군이 예루살렘에 입성했을 무렵에는 기사들이 자금 운

십자군 원정 당시 기사들은 금융 전문가였다

용의 달인이 되어 어느새 유대인 대금업자들 못지않은 전문성을 갖추게 됩니다. 게다가 큰돈을 굴리는 집단이었기 때문에 항상 돈이 필요한 유럽의 여러 군주에게 거액을 대출해 주기도 했지요. 하지만 이제 서서히 문제가 생깁니다. 가톨릭교회는 공식적으로 기독교인의 대금업을 금지하고 있었으니까요. 또 십자군에게 돈을 잔뜩 빌린 군주들도 이들에게 좋지 않은 감정이 있었고요.

같은 편이라고 믿었던 기독교도 사이에서 적이 하나둘 늘어나면서 십자군은 결국 파국을 맞습니다. 1607년 프랑스의 필리프 4세가 십자군을 이단으로 간주하고 모두 체포해 버리거든요. 필리프 4세는 십자군에게 비기독교적이다, 신성을 모독했다 등으로 죄를 뒤집어씌운 다음 십자군의 재산을 몰수하고 줄줄이 화형에 처했다고 합니다. 필리프 4세가 순수하게 종교적인 의도만으로 그렇게 한 것만은 아닌 듯해요. 그도 사실 십자군에게 거액의 빚을 지고 있었거든요. 십자군을 처단하면 빚을 안 갚아도 되는 상황이었던 거죠.

어쨌든 십자군 원정은 결국 실패했지만 우리는 그들의 원정 과정에서 초기 은행업의 흔적을 발견할 수 있습니다.

대항해 시대

유럽의 후추 사랑 때문에
은행이 생겼다고?

항해술이 크게 발전하면서 15세기에 유럽인들은 커다란 범선을 타고 아메리카, 인도, 동아시아 등 먼 거리 항해를 떠나기 시작합니다. 이 시기를 대항해 시대 또는 신항로 개척 시대라고 합니다. 이 시기에 유럽인들이 막대한 돈과 시간을 들여 목숨을 걸고 위험한 항해에 나선 것은 후추 같은 향신료 무역을 하기 위해서였어요. 후추를 유럽에 들여오면 현지 매입 가격에 비해 60배가 넘는 비싼 값에 팔 수 있었거든요.

말도 못하게 위험하고 비용도 많이 드는 사업은 한 사람의 능력만으로는 할 수 없겠지요. 그래서 여러 사람이 함께 자본금을 대고 그 비율만큼 지분을 나누는 주식회사의 개념이 바로 이 시기에 생겨납니다. 주로 유대인이 운영하던 영세한 대금업도 이 시기에 은행이라는 규모를 갖추게 됩니다. 대항해 시대에 동서양의 무역이 확대되고 사업 규모가 커짐에 따라 투자 자금의 규모 역시 대폭 늘어났고 투자금을 회수하기까지 시간도 오래 걸렸지요. 동양이나 아메리카로 가는 무역선이 한번 항해를 시작하면 유럽의 출발지 항구로 되돌아올 때까지 6개월이 넘게 걸렸거든요. 이젠 금융이 더 이상 영세한 수준에 머무를 수 없는 시대에 접어든 거지요.

투자자 입장에서는 무역선이 떠나 있는 6개월 동안 급하게 돈을 쓸 일이 생기면 빠르게 현금을 구해야 합니다. 그래서 물건을 싣고 돌아올 무역선에 투자했다고 확인해 주는 확인증, 즉 무역 어음을 돈처럼 유통하는 시스템이 등장하지요. 그러면서 큰돈을 취급하면서 장기간 자금을 관리할 수 있는 조직인 은행이 생겨납니다.

리스본에서 출항하는 바스코 다 가마의 함대

흥미로운 점은 이 시기에 비로소 당시 유럽 사회의 주류인 기독교인이 금융업에 참여하게 되었다는 사실입니다. 해상 무역 금융업을 주로 담당하면서 등장했던 당시 은행의 주 업무는 무역 어음을 할인하는 것이었어요. 예를 들어 알베르토라는 사람이 대리인을 통해 중국에서 구입한 비단 1,000만 원어치를 실은 배가 베네치아로 출발했음을 확인했습니다. 그런데 급하게 돈 쓸 일이 생겨 은행에 가서 무역 어음을 제시하고 현금을 달라고 합니다. 그러자 은행은 수수료 10퍼센트인 100만 원을 제하고 900만 원을 내줍니다. 이러한 업무가 당시 은행에서 주로 맡았던 일입니다.

당시 가톨릭교회를 대표하던 교황청은 이처럼 무역 어음을 취급하는 일이, 당시 유대인들이 주로 하던 대금업과는 다른 업무라고 해석합니다. 그 결과 자연스럽게 기독교인이 은행업에 진입하게 됩니다. 이후 교황청은 교황청의 자금 관리를 피렌체의 기독교인인 메디치가Medici family에 맡기지요. 메디치가는 르네상스 시대에 이탈리아에서 은행업으로 명성을 떨친 가문입니다.

결국 대항해 시대를 거치면서 규모와 시스템을 갖춘 금융은 은행업으로 한 단계 도약하는 데 성공합니다.

네덜란드 튤립 투기

역사상 최초의 거품 경제 사태를
일으킨 게 튤립이라고?

주식이나 부동산 가격이 비정상적으로 급등하는 상황을 거품 경제Bubble Economy라고 합니다. 자본주의 역사상 최초의 거품 경제 사태는 17세기 네덜란드에서 일어난 튤립 투기였답니다. 왜 하필 그 시기에 네덜란드에서 이런 일이 발생했을까요?

당시 네덜란드는 스페인의 지배에서 벗어나 독립국으로 인정받고 경제가 날로 발전하고 있었어요. 세계 최초의 증권 거래소도 1608년에 네덜란드 암스테르담에 생겼답니다. 주변 국가의 유대인과 위그노(프랑스의 칼뱅파 신교도)들도 재산을 챙겨서 암스테르담으로 이주해 금융 사업에 뛰어들었대요. 게다가 주변 나라들의 직물 산업이 무너지면서 경쟁자가 사라지자 네덜란드는 수출까지 잘 됩니다. 한마디로 신생 독립국인 네덜란드의 경제가 번창하면서 여러 나라에서 돈과 인재들이 몰려드는 시기였지요.

시장에 자금이 넘쳐나면 사람들은 이 자금으로 투자할 대상을 찾게 마련입니다. 당시 네덜란드 사람들의 눈에 들어온 것이 튤립이었어요. 원래 튤립은 유럽에 없었는데 16세기에 오스만 제국을 거쳐 유럽에 소개되었지요. 네덜란드 사람들은 특이하고 무늬가 아름다운 희귀종 튤립을 비싸게 거래했어요. 부유층 사이에서는 희귀종 튤립 보유 여부를 부의 척도로 여길 정도였지요.

희귀한 튤립의 알뿌리 가격은 1636년 내내 하늘 높은 줄 모르고 치솟았어요. 당시 가장 비쌌던 '영원한 황제Semper Augustus'라는 튤립은 알뿌리 1개 가격이 2,500길더에 이르렀어요. 이는 대략 2만 5,000달러, 현재 우리 돈으로 환산하면 3,300만 원 정도였다고 알려져 있습니다. 당시 네덜란드에서는 소 한 마리가 120길더였대요. 튤립 알뿌리 1개와 소 스무 마리가 맞먹는 가격이었던 거죠. 1633년부터 1637년까지 네덜란드의 튤립 알뿌리 거래 총액은 4,000만 길더(4억 달러, 약 5,000억 원)를 웃돌았을 정도로 엄청난 투기 광풍이 몰아쳤다고 합니다.

17세기 가장 비싼 튤립으로 팔렸던 '영원한 황제'

하지만 거품은 꺼지기 마련입니다. 한순간 튤립 알뿌리의 인기가 식어버리면서 1637년 2월 5일부터 갑자기 가격이 급락해요. 비싸게 팔 생각에 튤립 알뿌리를 재배하는 사람들이 늘어나면서 공급이 증가한 것도 가격이 갑자기 떨어진 요인이었지요.

결국 4개월 만에 튤립 알뿌리 가격은 최고가와 비교해 약 95~99퍼센트까지 떨어집니다. 1920년대 후반부터 1930년대까지 세계를 휩쓴 세계 대공황 당시에 20년 동안 미국 주식 시장은 약 75퍼센트 하락했는데요. 이와 비교하면 튤립 가격 급락세는 정말 무섭지요.

고전 경제에서 거품 경제의 대표적인 사례로 네덜란드 튤립 투기 외에 프랑스의 미시시피 회사Mississippi Company 거품 사태(1718), 영국 남해회사South Sea Company 거품 사태(1720) 등 세 가지가 있습니다.

금 본위 제도

금 가격으로 화폐의 가치를 평가하던
시절이 있었다고?

한국은행에서 원화를 발행하듯이 각국의 중앙은행들은 자국의 화폐를 찍어내지요. 그런데 제1차 세계 대전(1914~1918)이 일어나기 전에는 전 세계 국가의 통화 가치가 각국이 보유한 일정량의 금 가격에 따라 결정되었어요. 예를 들어 '순금 1온스(약 31.1 그램)=100달러' 등으로 정해 두는 거죠. 이렇게 금을 화폐 가치의 측정 기준으로 연계한 체제를 금 본위 제도金本位制度, Gold standard라고 해요.

금 본위 제도는 금이 화폐와 교환되는 방식에 따라 몇 가지로 나뉘어요. 은행권은 금화와 바로 교환되고 금을 자유로이 주조, 용해, 수출입할 수 있는 방식(금화 단본위제), 실제 국내 유통에서는 지폐나 은화 따위만 쓰고 금은 중앙은행에서 보유하는 방식(금괴 금 본위제), 한 국가의 통화를 다른 국가에서 발행한 환어음(발행자가 그 소지자에게 일정한 날짜에 일정한 금액을 지불할 것을 제삼자에게 위탁하는 어음)과 바꾸는 제도(금 환 본위제) 등이 있지요. 이 경우 환어음은 자국 통화를 일정 환율로 금과 바꿀 수 있는 나라(금 본위국)에서만 발행하고, 이 금 본위국과 거래함으로써 화폐 단위와 금의 등가 관계를 유지할 수 있어요.

1816년에 영국이 금 본위 제도를 채택하면서 이 제도는 화폐의 역사에서 중요한 위치에 올라섭니다. 산업 혁명으로 급성장했던 당시 영국에서 중앙은행은 보유하고 있던 금을 영국 화폐인 파운드로 교환해 주었어요. 지금은 국가 간 무역 대금을 미국 달러로 결제하는 경우가 많지만, 당시에는 영국 파운드화가 세계 무역 결제 대금으로 사용하는 전 세계 화폐의 60퍼센트를 차지하는 힘 센 화폐였어요.

세계 최초 금 본위 제도의 주인공이던 영국 파운드화는 제1차 세계 대전이 끝나면서 힘을 잃어요. 전쟁을 치르느라 여러 나라에서 돈이 많이 필요했지만, 금은 광산에서 캐내야 하므로 갑자기 생산량을 갑자기 늘리기는 어려웠

1944년의 글로벌 통화 정책 논의 장면

기 때문이지요. 즉 금은 세계적으로 유통되는 물량이 어느 정도 정해져 있는 거예요. 그러다 보니 여러 나라에서 영국에 파운드화를 들고 와서 금으로 바꿔 달라고 하는데 영국에는 바꿔 줄 금이 부족해져요. 영국은 결국 1914년에 금 본위 제도를 포기한다고 선언했고, 1931년부터 파운드와 금의 교환을 중지해요.

이렇게 힘을 잃은 영국 파운드화를 대신해 급부상한 화폐가 바로 미국 달러화입니다. 1944년에 44개국의 대표가 모여 글로벌 통화 정책에 대해 논의합니다. 이때 금 1온스당 미국 달러화 35달러로 교환 비율을 고정하는 금 본위 제도가 확립됩니다. 달러화 중심의 전 세계 무역 체제는 바로 이때 만들어졌어요. 이를 브레턴우즈 체제Bretton Woods System라고 합니다.

하지만 1960년대에 결국 미국도 달러와 바꿔 줄 금이 부족해집니다. 미국도 1971년에 더 이상 달러와 금을 교환해 주지 않겠다고 선언하면서 달러 중심 금 본위 제도 역시 막을 내립니다. 지금은 전 세계 여러 나라의 중앙은행이 금의 가치와는 무관하게 자국의 통화를 적절히 발행하고 외환 시장에서 각국의 통화가 개별 통화의 환율에 따라 거래되지요.

참고로 대표적인 귀금속인 금은 경기가 불안해질 때마다 투자 자금이 몰리는 안전 자산입니다.

브레턴우즈 체제

미국 달러화는 어떻게 세계 금융의
주인공이 되었을까?

제1차 세계 대전이 일어나기 전까지 전 세계의 경제는 영국이 이끌었어요. 하지만 제1차 세계 대전을 치르는 과정에서 국력을 크게 소진했고, 다시 제2차 세계 대전(1939~1945)을 치르면서 세계 경제의 주도권은 미국으로 넘어갑니다. 이 과정에서 국제 금융 질서를 확립하기 위해 열렸던 중요한 국제회의가 있습니다.

제2차 세계 대전에서 미국, 영국 등이 속한 연합국의 승리가 확실해졌을 무렵, 1944년 7월 1일 미국 뉴햄프셔주의 브레턴우즈라는 작은 마을에서 국제회의가 열려요. 44개국의 730명이나 되는 대표들이 모여들었습니다. 전쟁 이후 전 세계 금융 질서를 어떻게 설계할지 논의하기 위해서였습니다.

이 회의에서 결정된 것이 바로 미국 달러화를 기축 통화로 하는 금 본위 제도였어요. 금 1온스를 미국 달러화 35달러(현재 우리 돈으로 약 46,000원)와 교환하도록 비율을 고정했지요. 유럽의 경제는 전쟁을 거치면서 망가졌는데, 이를 되살리기 위해서는 미국 경제력의 도움을 받아야 했습니다. 전쟁을 치르느라 국고가 바닥났지만 전쟁으로 폐허가 된 나라들을 재건을 해야 하니 돈이 필요했거든요. 하지만 당장 재건 자금으로 쓸 돈을 새로 찍어야 하는데 화폐 가치가 뚝 떨어진 게 문제였지요.

미국도 전쟁 후 가난해진 유럽 국가들이 소련(지금의 러시아를 비롯한 15개 공화국으로 이루어진 연방 공화국)의 영향을 받아 사회주의 국가가 되지 않도록 막으려면 적극적으로 나서야 했습니다. 그래서 중앙은행 금고에 금이 넉넉했던 미국은 달러로 유럽 화폐 가치의 보증을 서는 방식으로 유럽의 경제가 재건될 수 있도록 돕기로 해요. 그 대신 미국 중심의 자유 무역 체제에 동참해 달라는 것이 미국의 입장이었고요. 이렇게 해서 제2차 세계 대전 이후 전 세계가 미국 달러화 중심의 금 본위 제도에 따라 경제 활동을 하기로 결정했습니다. 이 체제를 브레턴우즈 체제라고 합니다.

1944년 브레턴우즈 협정에 따라 달러화를 기축 통화로 하는 금 본위 제도가 채택되었다

이 체제에서 금을 달러로 교환해 주는 역할을 맡았던 것은 미국뿐이었어요. 당시에 미국이 금을 가장 많이 보유하고 있었거든요. 제2차 세계 대전이 끝날 무렵 미국은 전 세계의 금을 약 70퍼센트나 보유하고 있었다고 해요. 제2차 세계 대전 시기에 유럽 국가들은 미국에서 전쟁에 필요한 물품을 금으로 샀고, 패전국들은 전쟁 배상금을 금으로 지불하느라 다들 금이 부족했다고 합니다.

브레턴우즈 체제를 통해 달러화는 국제 금융의 새로운 주인공으로 부상해요. 하지만 1960년대에 미국은 베트남 전쟁에 개입하면서 엄청난 재정 적자를 기록합니다. 이를 보면서 세계 각국은 미국에 금이 충분히 없을 것이라고 의심하기 시작하죠. 마침내 미국은 1971년에 더 이상 금을 바꿔 줄 수 없다고 선언합니다. 달러화 중심의 금 본위 제도가 끝난 것이었죠. 이후 국제 무역은 각국 화폐의 환율에 따라 거래되는 변동 환율제에 따라 이루어집니다.

브레턴우즈 협정에서 IMF, 국제 부흥 개발은행International Bank for Reconstruction and Development, IBRD 등의 국제 금융 기구 설립에 합의했다는 것도 기억합시다.

1929년 대공황

1929년 미국 경제 위기는
왜 유럽까지 퍼졌을까?

1929년 대공황Great Depression, Depression of 1929은 현대 자본주의 사회에서 처음으로
겪은 세계적인 규모의 초대형 경제 위기 사태였어요. 이는 1929년 10월 24일 미국
뉴욕 주식 시장에서 주가가 폭락하면서 시작되었습니다. 그리고 그 여파가 전 세계
로 퍼져 나가면서 자본주의 국가들의 경제 활동이 일제히 마비되다시피 했던 사건이
었어요. 이 대공황의 파급 효과는 1940년경까지 이어졌지요. 이 공황은 영향을 미친
범위, 지속 기간, 심각도 등이 과거 일부 지역의 경제 위기와는 비교할 수 없을 정도
로 강했어요.

제1차 세계 대전 후 미국 경제는 겉으로 보기에 호황이었어요. 당시 유럽은 전쟁
의 폐허를 재건하는 중이었습니다. 미국은 그런 유럽에 재건 자금도 빌려주고 무역
을 통해 돈도 많이 벌면서 부강한 나라가 되었죠. 공장은 쉬지 않고 물건을 생산하고
사람들은 매일 주가가 오르는 주식 시장에서 신나게 투자하며 번영하는 경제를 누렸
어요. 하지만 이 과정에서 과잉 생산과 실업자 문제가 심각해지고 있었지요. 노동자
들의 임금은 제자리걸음을 하고 있었기 때문에 남아도는 생산물을 소비자들이 다 흡
수하지 못했어요. 그러자 재고가 쌓이면서 기업들은 생산을 줄이고 직원을 해고하기
시작했습니다. 달이 차면 기우는 법입니다. 결국 1929년 10월 주식 시장에서 주가는
폭락하기 시작하지요.

이로 인한 충격은 경제의 각 분야로 퍼져 나갔어요. 주가 폭락으로 자산 규모가

급격히 줄어들면 사람들은 소비를 줄여요. 그러자 물건이 팔리지 않으면서 기업에는 재고가 더 많이 쌓이니 다시 생산을 더 줄이지요. 그러니 기업 이익이 줄어들고 급기야 적자가 심각해집니다. 물가는 추락하고요. 이런 과정이 지속되면 경제는 제대로 돌아가지 못해요. 결국 기업들이 줄줄이 문을 닫으면서 실업자가 급증하지요.

대공황 시기 실업자들이 무료 음식을 받기 위해 줄을 서 있다

1933년 미국 전체 근로자의 10명 중 3명(약 1,500만 명)은 실업자였다고 합니다.

미국의 공황은 다시 유럽 전역으로 확산됩니다. 미국이 국내의 경제 위기를 수습하느라 앞서 유럽에 빌려줬던 자금을 급하게 회수하기 시작했거든요. 어쩔 수 없이 유럽 역시 경제 위기를 겪게 됩니다. 전 세계 자본주의 국가들에서는 일제히 공산품과 농산물 생산량이 급감하지요. 금융 시장에서 돈이 돌지 않고 부족해지자 영국은 1931년 9월 파운드화에 연계했던 금 본위 제도를 중단합니다.

1929년 대공황 이전의 자본주의 체제에서는 국가가 시장에 개입하지 않았어요. 그러다 보니 경제 위기 초반에 정책적으로 위기의 강도를 완화하지 못했지요. 이러한 초기 자본주의의 한계를 절실히 느꼈던 자본주의 국가들은 이후 국가가 정책을 통해 경제에 적절히 개입하는 수정 자본주의를 도입합니다. 미국의 뉴딜 정책New Deal Policy(1933년에 미국의 대통령 루스벨트가 경제 공황에 대처하기 위해 시행한 경제 부흥 정책)이 대표적인 수정 자본주의 정책의 사례에 해당합니다.

한편, 이 대공황은 또 다른 불행의 씨앗이 됩니다. 독일, 이탈리아, 일본은 대공황에서 탈출하기 위해 침략 전쟁을 모색했거든요. 이는 결국 제2차 세계 대전이라는 비극으로 이어집니다.

1987년 블랙 먼데이

블랙 먼데이라는 표현은 왜 생겼을까?

지난 3월 20일에 나온 뉴스에서는 유독 '블랙 먼데이Black Monday(검은 월요일)'라는 말이 자주 등장했어요. 〈'블랙 먼데이' 모면했다 … CS, UBS에 4조 원에 매각 타결〉(《연합뉴스》 2023년 3월 20일자) 같은 기사가 바로 그 예입니다. 이 기사는 세계적인 투자 은행인 크레디트 스위스 그룹 AGCredit Swiss Gruop AG, CS가 파산 위기에 몰렸는데, 스위스의 다른 투자 은행인 UBS 그룹 AG가 주말 사이에 CS를 인수한다는 소식이 나오면서 월요일 주식 시장에서 주가가 폭락할 우려가 해소됐다는 내용이에요. 즉 블랙 먼데이는 월요일에 주식 시장에서 주가가 급락하는 현상을 지칭합니다.

이런 표현은 왜 생겼을까요? 바로 1987년 10월 19일 미국 뉴욕 증권 시장에서 주가가 기록적으로 폭락했는데, 그날이 월요일이었기 때문입니다. 이날 뉴욕 증권 시장은 개장하자마자 매도 주문이 대량으로 쏟아지면서 그날 하루에만 다우존스 평균 주가Dow Jones average price가 22.6퍼센트(508포인트)나 추락했어요. 이는 미국 역사상 최대 하락률이었는데, 지금까지도 이 기록은 깨지지 않았습니다. 이후 월요일에 주가 지수가 폭락하는 경우 '블랙 먼데이'라는 일반 명사를 쓰게 되었어요.

블랙 먼데이의 원인을 다각도로 분석한 결과, 포트폴리오 보험portfolio insurance의 대량 매도 주문이 쏟아져 나왔기 때문이었어요. 포트폴리오 보험은 주가 하락에 대비해 기관 투자자들이 사용하는 투자 기법인데요. 주가가 하락해서 직접 손실을 보아도 해당 주식의 선물을 먼저 매도해서 손실분을 메꾸는 방법이에요. A주식을 보유

한 투자자가, A주식을 현
재 가격으로 미래의 일정
시점에 매도할 수 있는 파
생 상품에 미리 투자해 놓
으면 어떤 경우에도 손해
를 보지 않는다는 게 이 투
자 전략의 기본 논리지요.

이론적으로는 완벽해
보이지만 현실은 달랐어
요. 일단 주식 시장에서 주

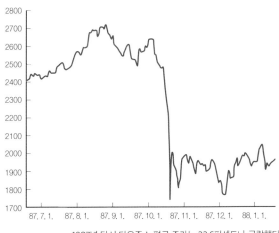

1987년 당시 다우존스 평균 주가는 22.6퍼센트나 급락했다

가가 떨어지자 포트폴리오 보험이 주가 하락 속도를 가속했거든요. 손실을 만회하려
고 투자자가 선물을 매도하면 현물 주가도 함께 떨어져요. 그러면 포트폴리오 보험
에 가입한 투자자는 선물을 더 많이 팔고, 이는 다시 현물 주가를 더 떨어뜨립니다.
즉 투자자의 손실을 줄이려는 투자 기법이 결국 주식 시장 전체를 더 심각하게 흔든
거죠.

이 사태를 계기로 이루어진 연구 결과에 따르면, 시장의 위험은 절대량을 줄이거
나 없앨 수 없습니다. 위험을 분산하거나 관리만 할 수 있어요. 이후 각국은 주식 시
장에서 주가가 전일에 비해 정해진 비율보다 급격하게 하락하면, 일정 시간 동안 주
식 거래를 중단하는 제도를 도입해요.

우리나라에서도 코스피 또는 코스닥 지수가 전일보다 8~20퍼센트 이상 하락한
상태가 1분 이상 지속되면 주식 거래를 20분간 중단해요. 이를 '서킷브레이커circuit
breakers'라고 합니다. 이와 비슷한 '사이드카sidecar'도 있어요. 파생 상품 시장에서 기
준 종목 가격이 5퍼센트 이상(코스닥은 6퍼센트) 오르내리는 현상이 1분 동안 이어지면
프로그램 매매의 호가 효력을 5분 동안 정지합니다.

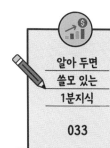

1997년 경제 위기

우리나라 건국 이래
최대의 경제 위기는 언제였을까?

생활비가 모자라서 집세도 못 내고 밥 먹을 돈도 없다면 어떻게 해야 할까요? 일단은 어딘가에서 돈을 빌려서 당장 급한 불을 꺼야 할 거예요. 놀랍게도 우리나라가 이런 위급한 처지에 놓였던 적이 있었습니다. 바로 1997년에 발생한 경제 위기였어요.

국민이 생활하고 기업이 공장에서 물건을 만들려면 원유, 곡물 등 원자재나 각종 물품을 수입해야 하는데, 수입한 물품의 대금은 달러로 지불하지요. 그런데 당시 우리나라가 보유하고 있던 달러가 바닥나면서 IMF에 도움을 요청하게 된 것이죠. IMF는 전 세계에 긴급 자금을 빌려주는 국제기관이에요. 이게 왜 큰일이었냐면, IMF는 달러를 빌려주는 대신에 해당 국가에 뼈를 깎는 수준의 구조 조정과 시장 개방 등을 요구하거든요. 우리나라도 IMF에서 달러를 빌렸으니 같은 요구를 받았습니다. 이후 우리나라 경제는 IMF의 적극적인 간섭을 받게 됩니다.

우리나라는 왜 이런 처지에 놓였을까요? 대외적으로 1997년에는 아시아 지역 경제 상황이 전반적으로 어려웠어요. 아시아 국가들을 상대로 외국 자본들이 환율로 투기를 해서 달러 가치가 치솟고 외환 시장이 불안했지요.

우리나라 내부적으로도 문제가 있었어요. 우리 기업들은 호황이던 경제 상황만 생각하면서 무분별하게 돈을 빌려다가 사업을 마구 확장했어요. 빚을 갚아야 하는데 환율이 치솟고 경기가 침체되면서 사업이 어려워졌어요. 결국 빌려온 돈을 제대로 갚지 못하고 돈을 새로 빌릴 수도 없었습니다. 자금난을 겪던 기업들은 하나둘 문을 닫았어요. 1996년 52건에 그쳤던 회사 정리 사건은 1997년 132건, 1998년 148건으로 급증했어요 (대법원 발표). 이러한 기업 중에는 대우, 쌍용 등 대기업과 은행, 증권 회사, 보험 회사 등 금융 기관도 적지 않았어요.

경제 위기를 소재로 제작된 영화
〈국가부도의 날〉 포스터

부동산 가격은 뚝 떨어지고 은행 금리는 치솟았습니다. 이런 상황에서 그나마 살아남은 기업들은 직원을 대거 내보내고 확장했던 사업을 정리했어요. 기업이 폐업하면 그 회사에서 월급을 받고 생활하던 사람들은 일자리를 잃게 되죠. 곧 대량 실직 사태가 발생했습니다. 그 전까지는 노동자를 해고하는 것이 쉽지 않았는데, 경제 위기를 거치면서 기업이 노동자를 보다 쉽게 해고할 수 있게 되었지요. 또 외국 자본이 우리나라 자본 시장에 진출하기 쉽도록 제도도 바뀌었어요.

1997년 경제 위기는 건국 이래 최대의 위기였습니다. 이른바 '국가 부도 사태'로 여겨졌죠. 이런 상황에서 우리 국민들은 장롱 속 아기 돌 반지까지 꺼내 금 모으기 운동에 동참하는 등 마음을 모았어요. 이렇게 모은 금을 외국에 팔면 달러가 들어오기 때문에 외환 보유액이 조금이라도 늘어날 수 있도록 십시일반으로 힘을 보탠 것이죠. 그 결과, 우리나라는 마침내 2001년 8월 IMF에서 빌린 185억 달러를 모두 갚았어요. 당초 예정했던 기한보다 3년이나 일찍이요. IMF 구제 금융을 받던 시기에 300억 달러였던 외환 보유액은 2023년 8월 현재 4,218억 달러로 늘어났어요.

경제 위기에서는 벗어났지만 상처는 작지 않았어요. '평생직장'이라는 말이 사라졌고 비정규직 노동자가 증가하고 노동자를 해고하기 쉬워지는 등 고용 안정성은 낮아졌어요. 그 과정에서 빈부 격차가 확대되고 고용 불안이 심각해진 것은 우리 경제의 어두운 부분으로 아직 남아 있습니다.

2002년 신용 카드 대란

"여러분 부자되세요"라는 광고는
왜 인기였을까?

우리나라는 1997년 발생한 IMF 경제 위기를 온 국민이 합심해서 벗어났습니다. 하지만 당시 정부가 펼친 신용 카드 활성화 정책은 '신용 카드 대란'이라는 심각한 사회 문제로 이어졌습니다. 과연 무슨 일이 일어난 걸까요?

경제 위기 직후인 1998년에 들어선 김대중 정부는 경제 위기를 극복하기 위해 얼어붙은 소비를 살려야겠다고 생각했어요. 내수 소비가 늘어나면 물건이 잘 팔리면서 생산이 증가하고, 생산이 증가하면 곧 물건 만들 사람이 더 필요합니다. 그만큼 일자리가 늘어나니까 국민 소득도 증가하는 선순환이 일어날 것이라는 게 정부의 생각이었어요. 정부는 소비를 늘리기 위해 신용 카드를 활성화하기로 결정합니다. 신용 카드는 당장 돈이 없어도 물건을 먼저 사고 나중에 갚을 수 있는 금융 상품이지요.

정부 입장에서는 숨은 세금을 제대로 걷을 수 있다는 장점도 있었어요. 사업자는 매출액을 적게 신고해서 세금을 덜 내고 싶은 유혹에 빠지기 쉬워요. 현금으로 거래한다면 실제보다 매출액을 적게 신고해도 정부가 확인할 방법이 없어요. 그러면 사업자는 내야 할 세금을 덜 낼 수 있죠. 하지만 소비자들이 신용 카드로 결제하면 정부가 모든 거래 내역을 확인하고 실제 전체 매출액에 세금을 부과할 수 있어요. 정부 입장에서는 현금 거래보다 신용 카드 거래가 훨씬 좋은 거죠.

이에 정부는 여러 신용 카드 활성화 정책을 내놓았어요. 신용 카드 현금 서비스 한도를 없애고, 신용 카드를 많이 쓰면 세금을 일정 비율로 깎아 주기로 했어요(신용

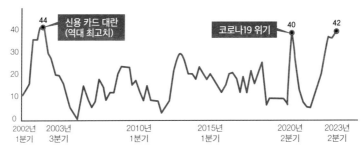

신용 카드 대란 당시의 가계 신용 위험 지수는 역대 최고치였다(자료 출처: 한국은행)

카드 소득 공제). 또 신용 카드 영수증을 추첨해서 복권처럼 활용하는 제도도 실시했죠.

이후 절약이 미덕이던 사회 분위기는 어느새 신용 카드로 소비를 많이 하는 것이 성공의 상징인 것처럼 바뀌어요. 한 신용 카드 회사의 "여러분 부자되세요" 같은 광고 문구가 큰 인기를 모았을 정도로요. 카드 발급 수는 1990년 1,000만 장이었던 신용 카드 발급 장수는 2002년 1억 장을 넘어요. 2002년 당시 경제 활동 인구가 2,298만 명이었으니까, 경제 활동 인구 1명당 신용 카드를 4.4장 보유했다는 뜻이지요. 신용 카드 이용 금액도 급증해요. 1998년 47조 200억 원에서 2002년 619조 1,600억 원을 기록하지요. 4년 만에 약 13배나 늘어난 겁니다.

하지만 이처럼 무분별하게 신용 카드를 사용하면서, 신용 카드 이용 대금을 제대로 못 갚은 신용 불량자 수는 1997년 말 143만 명에서 2004년 말에는 361만 명을 넘었어요. 이로 인해 신용 카드 회사들의 손실이 심각해졌죠. 결국 당시 업계 1위였던 LG카드는 신한금융그룹에 매각됩니다. 외환카드의 손실을 감당하지 못한 모기업 외환은행은 결국 투기 자본인 론스타Lone Star Fund에 팔립니다. 이후 정부는 한국개인신용(현재는 코리아크레딧뷰로)이라는 개인 신용 평가 회사를 설립해서 제도를 개선합니다.

신용 카드 대란은 경제 위기에서 벗어나려던 2002년에 수백만 명의 신용 불량자를 양산하며 한동안 우리 사회를 충격에 빠뜨렸어요. 국민 모두가 신용 카드의 무서움을 제대로 알게 된 사건입니다.

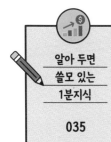

2007~2008년 세계 금융 위기

미국 부동산 거품이 꺼졌을 때
세계 경제가 위기에 처한 이유는?

세계 어느 나라든 주택은 가장 비싼 소비재입니다. 그래서 주택을 구입할 때는 금융 회사의 주택 담보 대출이 항상 따라붙는데요. 미국에서는 대체로 주택을 사려는 사람이 해당 주택을 담보로 은행에서 주택 가격의 70~80퍼센트 정도를 대출받아서 주택을 구입합니다. 그러고 나서 수십 년 동안 이자와 원금을 함께 은행에 갚는 모기지론mortage loan을 이용한다고 해요.

모기지론은 3단계로 구분됩니다. 신용이 가장 높은 사람이 받는 주택 담보 대출을 프라임prime, 그다음 등급은 알트-A Altanative A, 이보다 낮은 등급은 서브 프라임 subprime입니다. 2007년에는 이 가운데 서브 프라임 모기지론을 제대로 갚지 못하는 사람들이 늘어나면서 관련 금융 회사들이 줄줄이 위기에 빠졌던 서브 프라임 모기지 사태가 시작되었습니다.

모기지론은 수십 년 동안 대출자가 원금과 이자를 갚는 장기 대출 상품이지요. 그래서 이를 빠르게 현금화하고 싶은 은행들은 모기지론을, 자산 담보부 증권asset-backed securities, ABS(대출 채권이나 외상 매출 채권 따위의 금융 자산을 담보로 해서 발행하는 증권)의 일종인 주택 저당 증권mortgage-backed securities, MBS(부동산 담보 대출 금융 기관이 부동산 대출 기간의 장기화에 따른 유동성의 제약을 완화하기 위해 이를 담보로 발행한 유가 증권)이라는 채권으로 만들어서 다른 금융 회사에 매각했어요. 금융 회사들은 개별 ABS들을 여러 개 섞어서 새로운 파생 금융 상품인 부채 담보부 증권collateralized debt obligation, CDO(회사채, 금융 기관의 대출 채권, 기업 채무, 부동산 따위를 담보로 해서 한데 묶어 만든 유동화 증권)을 만들어서 전 세계에 팔았습니다.

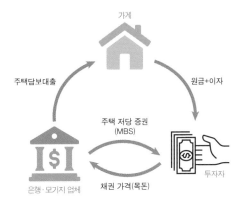

단순하게 보는 MBS의 원리

그런데 2007년을 전후해 미국에서는 클린턴 정부가 국민들에게 내 집 마련을 권장하는 정책을 폈어요. 이 과정에서 모기지론 심사 기준을 완화하면서 서브 프라임 대출을 받은 사람들이 많아졌습니다. 초기에는 주택을 사는 사람들이 많으니까 부동산 가격이 계속 오르면서 경기가 활성화되었어요. 하지만 본인 능력 이상으로 서브 프라임 대출을 받은 사람들이 모기지론을 제대로 갚지 못하자 결국 부동산 가격이 떨어지면서 거품이 꺼지고 말아요. 문제는 MBS, CDO 등의 파생 금융 상품들이 전 세계로 팔려나갔다는 것이었죠.

결국 이러한 증권들의 가치가 사라지면서 2008년 3월 세계 5대 투자 은행이었던 베어스턴스The Bear Sterns가 망합니다. 2008년 9월 세계 4대 투자 은행이던 리먼 브러더스Lehman Brothers가 파산하고, 초대형 금융 회사인 AIG도 무너집니다. 이에 전 세계 금융 시장이 휘청거렸죠. 우리나라도 당시 코스피 지수가 장중 900선 밑으로 떨어지기도 하는 등 IMF 경제 위기 상황이 재현되는 고통을 겪어요.

이후 미국 정부는 금융 회사들의 무분별한 영업을 제한하는 법을 제정하며 사태를 수습했습니다. 이처럼 세계 금융 위기는 2007년 서브 프라임 모기지 사태로 시작해 2008년 이후 세계적인 금융 회사들의 줄도산으로 이어졌으며, 이로 인해 전 세계 경제는 한동안 침체에서 벗어나지 못했습니다. 결국 화려한 금융 기법으로 무장한 투자 은행들의 과도한 욕심과 부동산 거품 붕괴의 부작용이 결합한 희대의 금융 위기 사건이었습니다.

2020~2022년
코로나-19 팬데믹

갑작스런 전염병은 경제를 망가뜨린다?

2023년 8월 현재에도 전 세계는 코로나바이러스감염증-19의 영향에서 완전히 회복하지 못했습니다. 전 세계를 휩쓴 코로나19에서 비롯된 세계 경제 위기는 아직 전 세계가 합의한 명칭이 없어요. IMF는 이를 대봉쇄Great Lockdown라 했고, 영국《파이낸셜 타임스Financial Times》의 한 칼럼니스트는 대폐쇄Great Shutdown라고도 했어요.

코로나-19는 2019년 12월 중국 후베이성 우한에서 처음 발생한 후 전 세계로 급속히 퍼져 나갔습니다. 문제는 이것이 주로 호흡기로 감염되는 낯선 전염병인데다가 치명률이 높았다는 것인데요. 이에 전 세계 사람들이 대면 활동을 급격하게 줄이면서 사회·경제적으로 많은 문제가 발생했어요. 공장이 제대로 돌아가지 않고, 시장과 상점이 문을 닫았으며 문화 활동 등 많은 대면 활동이 중지되면서 실물 경제가 심각한 타격을 입었습니다. 거의 모든 사회 분야가 봉쇄되고 사람들은 집 밖으로 나올 수 없었으니까요.

CNN 보도에 따르면, 코로나-19로 인해 전 세계 경제가 불황으로 치닫는 데까지는 불과 30일밖에 걸리지 않았다고 합니다. 한 달 만에 전 세계는 2007년에 시작되어 2008년까지 이어진 세계 금융 위기를 능가할 정도의 경기 침체에 빠졌어요. 전 세계 항공 노선이 폐쇄됐고 여행 제한과 봉쇄 조치가 시작되었으며 공장, 술집, 식당, 공연장 등은 모두 문을 닫고 사람들은 집에 틀어박혔지요. 이 때문에 시장에서는 수요와 공급이 모두 급감하기 시작했어요. 미국 주식 시장에서는 시가 총액의 3분의

코로나-19 이후 코스피와 코스닥 지수 추이

1이 한 달여 만에 증발한 것으로 파악되었어요.

전 세계 항공업과 관광 산업은 거의 초토화되었어요. 특히 미국의 항공사 버진 애틀랜틱 항공Virgin Atlantic Airways, 태국의 타이항공Thai Airways Company, 멕시코의 아에로멕시코Aeroméxico가 파산 보호 신청을 했고 체코의 체코항공Czech Airlines은 결국 파산 절차를 시작했습니다. 이와는 반대로 배달의민족 같은 음식 배달 앱과 홈쇼핑, 인터넷쇼핑, 마스크 제조업, 코로나-19 진단 키트 제조업 등은 호황을 맞았지요. 재택근무자들이 늘어나면서 PC 산업과 온라인 회의 지원 서비스도 힘을 받았습니다.

코로나-19 팬데믹 상황에서 경기 침체를 극복하기 위해 전 세계 중앙은행들은 금리 인하 정책을 펼쳤습니다. 이로 인해 시장에 막대한 통화가 풀리면서 세계적으로 물가가 상승했어요. 여기에 러시아와 우크라이나의 전쟁이 발발하자 원자재 가격이 오르면서 물가는 더욱 치솟았죠.

2023년 5월 이후 코로나-19 확산세가 진정됨에 따라 전 세계는 먼저 인플레이션을 잡아야 한다고 판단하고 금리를 올리고 있어요. 침체됐던 경기를 살리려면 금리를 내려야 하는데, 인플레이션과 싸우려면 금리를 올려야 하는 난감한 상황에 처한 것입니다. 어떻게 해서든 전 세계 경제가 더 큰 위기를 맞지 않고 하루 빨리 정상화되기를 바랍니다.

금융계에 유명한 백조 두 마리
_블랙 스완과 그린 스완

여러분은 '백조' 하면 무엇이 떠오르나요? 유명한 발레 작품 〈백조의 호수Swan Lake〉라든가, 안데르센 동화의 주인공 미운 오리 새끼가 나중에 백조가 된 이야기를 생각하나요? 금융 콘텐츠를 다루는 저는 또 다른 백조가 생각나는데요. 하나는 블랙 스완 Black Swan(검은 백조), 다른 하나는 그린 스완Green Swan(녹색 백조)이에요. 금융계에서는 꽤 유명한 백조랍니다.

둘 중 먼저 등장한 용어는 블랙 스완이에요. 미국의 투자 전문가인 나심 니콜라스 탈레브Nassim Nicholas Taleb가 2007년에 펴낸 책 『블랙 스완』을 통해 대중적으로 알려졌지요. 블랙 스완은 불확실한 위험을 뜻합니다. 원래 백조는 흰색이잖아요. 그런데 어느 날 깃털 색깔이 새까만 백조가 발견되면 깜짝 놀랄 수밖에요. 블랙 스완은 이처럼 도저히 일어날 것 같지 않은 일이 실제로 일어나는 현상을 의미합니다. 대표적인 사례로는 구글의 성공, 미국에서 발생했던 9·11테러 사건 등이 있어요.

탈레브는 블랙 스완의 속성을 세 가지로 정리했어요. 일반적 기대 영역 바깥에 관측값(극단값)이 있고, 극심한 충격을 동반하며, 존재가 사실로 드러나면 그것을 설명하고 예견할 수 있다는 것입니다.

그린 스완이라는 용어는 2020년 1월에 등장했어요. 국가별 중앙은행들의 협력 기구인 국제 결제 은행BIS이 발간한 「기후 변화 시대의 중앙은행과 금융 안정성」이라는 보고서에서 사용했죠. BIS는 이 보고서를 통해 "기후 변화는 자연 생태계와 시민 사회를 위협할 뿐 아니라, 화폐와 금융 안정성까지 흔들어 금융 위기를 초래

그린 스완은 기후 변화가 초래할 금융 위기를 의미한다

할 수 있다"고 진단했어요. 즉 그린 스완은 지구 기후 변화로 인해 발생할 수 있는 금융 위기를 뜻해요. 기후 변화가 경제 전반에 영향을 미쳐서 금융위기까지 이어질 수 있다는 거죠. 블랙 스완처럼 불확실한 위험이긴 한데, 기후 변화로 인한 금융 위기로 제한된 것이라고 보면 됩니다.

이 보고서에서는 그린 스완의 예시로 자연재해 탓에 농산물과 에너지 가격이 갑자기 오르면서 단기간에 식료품 가격이 급상승할 가능성을 들었습니다. 최근 1~2년 사이에 우리가 겪고 있는 상황 같지 않나요? 러시아와 우크라이나의 전쟁 영향이 크긴 하지만 기후 변화 영향도 무시할 수 없거든요. 보고서에서는 기후 변화로 인한 폭염과 혹한 때문에 노동 생산성이 뚝 떨어질 수 있다는 점도 지적했어요. 또한 기후 변화에서 비롯된 홍수, 폭염 등 자연재해로 각국의 금융 기관, 기업, 가정 등의 경제적 비용과 재정적 손실이 늘어날 수 있다는 점도 경고했지요.

그린 스완 발생 가능성을 낮추기 위해 전 세계에서는 뜨거워지는 지구를 식히려고 노력하고 있어요. 나무 심기, 플라스틱 사용 줄이기, 전기차 개발, 친환경 에너지 개발 등이 그것입니다. 여러분들도 생활 속에서 함께 노력해 보면 어떨까요?

4장
금융계의 전설

☑ 로스차일드가
☐ 존 피어폰트 모건
☐ 벤저민 그레이엄
☐ 필립 피셔
☐ 워런 버핏
☐ 찰스 토마스 멍거
☐ 피터 린치
☐ 앙드레 코스톨라니
☐ 존 템플턴
☐ 존 보글
☐ 조지 소로스
☐ 레이 달리오
☐ 하워드 막스

로스차일드가

유럽 금융계를 호령한 금융 자본주의의 시초

로스차일드가Rothschild family는 유대인 경제사에서 빼놓을 수 없는, 금융 자본주의의 시초라고 볼 수 있는 중요한 가문입니다. 원래는 독일 프랑크푸르트의 소규모 상인 집안이었어요.

가문의 기틀은 18세기에 살았던 마이어 암셀 로트실트Mayer Amschel Rothschild (1744~1812, 로스차일드는 로트실트의 영어식 발음)였지요. 마이어는 젊은 시절 유대계 은행에서 일하면서 금융업을 익혔고, 아버지로부터 고물상과 골동품상을 물려받았어요. 금세공업, 대부업, 환전업도 병행했다고 해요. 그는 독일 내 카셀 방백국 빌헬름Wilhelm 9세의 재산을 관리하면서 두터운 신임을 얻었습니다. 마이어는 나폴레옹 침공을 피해서 국외로 도피했던 빌헬름 9세의 재산을 철저하게 숨겼어요. 복귀한 빌헬름 9세는 이러한 마이어의 능력에 감동하고 가문의 재산 관리를 맡겼다고 합니다.

마이어는 아들을 다섯 명 두었는데 각각 런던, 프랑스 파리, 프랑크푸르트, 오스트리아 빈, 이탈리아 나폴리로 보냈어요. 다섯 아들은 가문의 국제 금융 네트워크를 만듭니다. 이러한 가문의 유럽 네트워크는 왕실과 귀족들의 자산을 운용하는 데 유용했어요.

로스차일드가가 세계적인 명성을 얻게 된 것은 나폴레옹 전쟁 때였어요. 마이어에 이어 가문의 수장이 된 셋째 네이선 메이어 로스차일드Nathan Mayer Rothschild (1777~1836, 나탄 마이어 폰 로트실트)는 런던 책임자이자 영란은행Bank of England(1694년에 민간 은행으로 설립, 1946년에 국유화)의 대주주였는데요. 나폴레옹이 유배지였던 엘바섬을 탈출했을 때 기회가 왔다고 판단해 영국 금을 밀수해서 팔았어요. 나폴레옹이 예상보다 일찍 쫓겨나 하마터면 파산할 뻔했지만 네이선은 극적으로 회생합니다.

영국 국채에 투자해 엄청난 이익을 거둔 네이선 메이어 로스차일드

가문의 국제 정보망을 통해 1815년 나폴레옹이 워털루 전투에서 패배했다는 사실을 남들보다 먼저 확인한 그는 승전국인 영국 국채를 잔뜩 사들입니다. 이후 영국 국채 투자가 대박이 나면서 로스차일드가는 어마어마한 부를 쌓지요. 당시 영국 최고 부자라던 영국 왕실 재산이 500만 파운드였는데, 로스차일드 가문의 당시 재산은 1억 3,600만 파운드에 이르렀대요. 이 무렵부터 영국의 화폐와 금화 등을 로스차일드가에서 공급하게 됩니다. '해가 지지 않는 나라' 영국의 경제와 금융을 로스차일드가에서 좌우한 거죠.

로스차일드가는 사회가 혼란스러울 때 큰돈을 벌 기회를 잘 포착했어요. 영국 금융계의 맹주로 거듭났던 나폴레옹 전쟁은 물론 러시아 혁명, 프랑스 혁명, 미국 남북 전쟁 등의 사건들이 모두 돈 버는 기회가 되었죠. 하지만 유대인이 박해받은 제2차 세계 대전을 거치면서 로스차일드는 자산을 대거 몰수당해 자산 규모가 줄었다고 해요. 지금은 과거에 비하면 조용히 사업을 합니다.

한편, 프랑스 지부에서는 와인 사업을 하고 있는데요. 고급 와인 '샤토 무통 로쉴드Château Mouton Rothschild'가 바로 로스차일드가에서 만드는 와인이지요. 이 밖에도 로스차일드가는 영국과 프랑스에서 세습 가능한 귀족 작위를 받았습니다.

존 피어폰트 모건

인정사정없었던 미국 금융계의 거인

존 피어폰트 모건John Pierpont Morgan(1837~1913)은 미국 역사에서 매우 중요한 금융인입니다. 미국 4대 은행 중 하나인 J.P.모건체이스앤드컴퍼니J.P. Morgan Chase & Co.의 설립자인데요. 그는 미국에 중앙은행이 없던 시절에 미국 금융을 좌우한 막후의 실력자였으며, 여러 기업을 합병해 거대 기업의 독과점 효과를 누렸어요. 미국은 금산분리金産分離(은행이 산업 자본을 소유하는 것을 금지하는 원칙)를 하지 않기 때문에, 금융 회사를 토대로 기업에 큰 영향력을 행사했죠. 인정사정없는 사업가였지만 대단한 금융인이기도 했습니다.

1837년에 태어난 모건은 아버지의 금융 회사에서 일하며 금융업에 입문했어요. 모건이 세계적인 금융인으로 발돋움한 배경에는 전쟁이 있었는데요. 모건은 1861년에 시작되어 1865년까지 이어진 미국 남북 전쟁 때 무역 회사를 운영했어요. 그런데 전쟁이 일어나자 이 회사에서 부족해진 물자를 공급하면서 떼돈을 벌었습니다. 당시 27세였던 모건은 연 소득이 5만 달러였다고 하는데, 당시 미국의 고소득층 기준 수입이 연간 800달러였다고 해요. 어린 나이에 엄청난 부를 쌓은 것입니다.

1870년에 발발한 프로이센·프랑스 전쟁도 기회였습니다. 당시 전쟁에 패한 프랑스가 국채를 제대로 갚지 못할 거라고 생각한 유럽 금융인들은 프랑스 국채를 싼값에 팔아치웠는데, 모건은 반대로 이를 최대한 사들여서 프랑스에 자금 원조를 했어요. 막강한 농업 생산력을 자랑하는 프랑스라면 국채를 갚을 수 있다고 생각했죠.

예상대로 모건은 이 투자를 통해 큰 수익을 올렸고, 전쟁이 끝난 후에는 국제적인 금융인으로 명성을 떨쳤어요.

인수 합병으로 시장을 독과점했던 존 피어폰트 모건

모건은 민간 은행가였지만 미국의 중앙은행 역할을 수행한 것으로 유명합니다. 당시 미국은 제1 은행(1791~1811), 제2 은행(1817~1836) 이후에는 중앙은행이 없는 상태였는데요. 미국에서 발생했던 1893년과 1907년의 공황은 모두 모건이 수습합니다. 물론 모건은 이를 기회 삼아 큰돈을 벌었고요.

일반적인 은행은 예금과 대출을 취급하고 채권과 주식 거래를 중개하는 상업은행 업무를 하면서 수수료를 벌어들이죠. 하지만 모건은 적극적으로 기업과 산업에 투자하고 지배하는 방식을 선호했어요. 모건은 지나친 경쟁 때문에 경영이 악화된 철도업계에 개입해 부실한 철도 회사 여러 개를 인수 합병merger and aquisition, M&A해 산업 구조를 재편했죠. 철강 산업에서도 철강 회사들을 인수 합병해서 미국 최대 철강 회사인 US스틸을 만듭니다. 독과점으로 규모의 경제를 실현하고 거액을 벌어들어요. 이밖에도 통신에서 AT&T, 전기에서 제너럴일렉트릭, 농기계에서 인터내셔널 하베스터에 투자해 해당 업계를 주도하는 기업으로 키워요. 하지만 이 같은 모건의 강한 영향력을 우려하는 분위기가 확산됩니다. 청문회장에 계속 불려나가 시달리던 그는 가족과 여행을 갔다가 건강이 악화되어 1913년 3월 사망합니다.

모건이 사망한 해 12월, 미국은 세 번째 중앙은행 제도인 연방 준비 제도Federal Reserve System, FRS를 만듭니다. 금융 위기 때마다 특정 민간 은행에 의존하는 문제를 해결하기 위해서였지요. 모건이라는 금융인이 사라지면서 비로소 새로운 시대로 들어설 수 있었던 걸까요?

벤저민 그레이엄

가치 투자의 창시자이자 워런 버핏의 스승

주식에 투자하기 전에, 해당 기업의 자산이 어느 정도인지 이익은 얼마나 얻고 있는지를 살펴보면서 그 가치를 주가와 비교 분석해서 기업 가치보다 주가가 낮을 때 투자하는 것을 가치 투자라고 합니다. 이러한 증권 분석의 창시자이자 가치 투자 이론을 정립한 인물이 바로 벤저민 그레이엄Benjamin Graham(1894~1976)입니다. 그의 저서 『현명한 투자자The Intelligent Investor』(1949), 『증권 분석Security Analysis』(1934)은 가치 투자자들에게는 경전과도 같지요. 『증권 분석』은 경영 대학원용 교재였고, 『현명한 투자자』는 일반인을 대상으로 한 투자 입문서입니다. 그레이엄은 1928년부터 1957년까지 컬럼비아 대학교 경영 대학원에서 가치 투자를 가르쳤어요. 당시 그의 제자 가운데 유명한 인물이 '오마하의 현인' 워런 버핏Warren Buffett이랍니다.

그레이엄은 1894년 영국 런던에서 태어난 뒤, 그의 아버지가 사업을 확장하기 위해 가족 모두 미국으로 건너갔다고 합니다. 그가 투자자로 경험을 쌓았던 초기는 미국의 대공황 시기여서 당시에는 많은 돈을 잃었대요. 하지만 프랭클린 델러노 루스벨트Franklin Delano Roosevelt(1882~1945) 대통령 시절 뉴딜 정책으로 경기를 부양하던 시기부터 본격적으로 돈을 벌기 시작했습니다.

그레이엄은 1925년 그레이엄-뉴먼 투자 회사를 설립하고 30여 년에 걸쳐 연평균 17퍼센트라는 수익률을 기록하며 실력을 입증합니다. 그레이엄이 제시한 몇 가지 개념 가운데 미스터 마켓Mr. Market과 안전 마진margin of safety이 있어요.

미스터 마켓은 그레이엄이 주식 시장을 의인화한 것입니다. 그레이엄에 따르면, 미스터 마켓은 매일 우리를 찾아와서 주식을 팔겠다고도 하고 사겠다고도 하는 아주 변덕스러운 투자자입니다. 미스터 마켓이 제시하는 가격은 매일 바뀌는데 어떤 경우에는 터무니없이 비싸고 또 어떨 때는 아주 저렴하지요. 현명한 투자자라면 미스터 마켓이 제시하는 가격을 덥석 수락할 게 아니라, 적정한 가격인지를 잘 확인한 후에 살지 말지 결정해야 한다는 게

가치 투자의 창시자 벤저민 그레이엄

그레이엄의 조언입니다. 또 미스터 마켓은 비가 오나 눈이 오나 매일 우리 집 대문을 두드리니까 조급하게 거래할 필요도 없다고 하고요.

안전 마진 역시 그레이엄이 말한 중요한 개념입니다. 안전 마진은 시장 가격과 실제 가치의 차이입니다. 만약 1달러의 가치가 있는 주식을 30센트에 샀다면, 이 주식의 안전 마진은 70센트가 되는 거죠. 그레이엄은 안전 마진이 클수록 투자자는 높은 수익률을 올릴 수 있다고 말합니다. 따라서 항상 바겐세일을 해서 싼 주식을 사야 한다고 강조하지요.

그레이엄은 기업 분석의 중요성을 강조하면서 공인 재무 분석사chartered financial analyst, CFA(기업의 재무 분석, 시세 동향의 분석, 산업 및 경제의 동향 조사 따위를 행하는 증권 분석 전문가)라는, 세계적으로 그 권위를 인정하는 자격증이 생기는 데 큰 영향을 미치기도 했어요. 애널리스트, 펀드 매니저, 인수 합병 전문가 등 금융권 전문가로 진로를 생각하고 있다면 어떤 자격증인지 관심 있게 살펴보길 바랍니다.

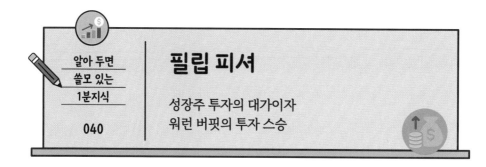

필립 피셔Philip Arthur Fisher(1907~2001)는 성장주 투자의 대가로 유명합니다. 특히 워런 버핏에게 큰 영향을 미친 투자 스승 두 명 가운데 한 명으로 잘 알려져 있지요. 버핏은 자신의 투자 스타일이 "85퍼센트의 벤저민 그레이엄과 15퍼센트의 필립 피셔로 이루어져 있다"라고 이야기한 적이 있답니다.

1907년에 태어난 피셔는 스탠포드 대학교 경영 대학원에서 공부할 때 여러 기업에 방문하고 그 기업에 대해 토론하면서 좋은 회사의 조건은 무엇인가, 지속적으로 발전하는 회사는 어떤 회사인가에 대한 관심이 생겼대요. 그는 1929년 대공황으로 인해 주가가 크게 폭락하는 등 경제가 침체되어 있던 시기에 투자계에 들어섭니다. 한 은행의 증권 애널리스트 생활을 거치면서 나름의 투자 철학을 세웠는데요. 바로 뛰어난 투자 성과를 얻으려면 "철저한 조사를 바탕으로 잠재력이 높은 소수의 기업에 집중 투자해야 한다"는 것이었어요. 그는 24세였던 1931년에 투자 회사를 설립한 뒤, 2004년 96세로 사망할 때까지 성장주 투자로 상당한 투자 성과를 거둡니다.

피셔가 이야기한 '잠재력 높은 소수의 기업'은 어떤 것일까요? 이는 수십 년간 꾸준히 성장해서 주가가 수십 배 이상 상승할 것으로 전망되는 기업을 뜻합니다. 피셔가 이 원칙에 따라 발굴해 투자한 기업으로는 다우케미컬The Dow Chemical Company(화학), 모토롤라Motorola(통신기기), 텍사스 인스트루먼트Texas Instruments(반도체), 코닝 Corning(특수 유리, 광섬유 등) 등이 있어요. 대부분 산업재를 만들기 때문에 일반인에게는 낯선 기업이 많았지만 투자 성과는 훌륭했어요.

장래가 유망한 기업에 투자하는 건 지금 보면 너무 당연한 이야기입니다. 하지만 피셔가 성장주 투자법을 소개했던 1950년대에는 매우 생소한 방식이었다고 해요. 당시 대부분의 주식 투자는 과거의 주가 움직임을 바탕으로 매매 시점을 정해서 사고파는 방식으로 이루어졌기 때문이지요.

하지만 피셔는 기업의 가치와 성장성에 주목했기 때문에 많은 기업을 직접 찾아다니면서 투자할 만한지 꼼꼼하게 살펴보았어요. 그 결과를 정리해서 유망 성장주를 발굴할 때 살펴봐야 할 열다섯 가지 점검 사항을 제시했어요. 여러분도 언젠가 투자를 하게 된다면 이 점검 사항에 맞는 기업들을 골라 보는 건 어떨까요?

01 향후 매출액이 충분히 증가할 수 있는가?

02 경영진은 신제품이나 신기술을 개발할 의지가 있는가?

03 연구·개발 노력은 회사 규모를 감안할 때 적정한가?

04 영업 조직을 잘 갖추고 있는가?

05 영업 이익률이 충분한가?

06 영업 이익률 개선을 위해 노력하는가?

07 노사 관계가 좋은가?

08 임원들은 서로 사이가 좋은가?

09 경영진이 두터운가?

10 원가 분석 및 회계 관리능력이 우수한가?

11 특별한 사업 부문이 있는가?

12 장기적인 관점에서 기업을 운영하는가?

13 증자를 해서 주주의 이익을 떨어뜨릴 가능성이 있는가?

14 경영진이 투자자들과 소통을 잘하는가?

15 경영진은 진실한가?

워런 버핏

세계 5위 부자이자 기부왕인
가치 투자의 대명사

'투자의 귀재' '오마하의 현인' 등 투자 지주회사 버크셔 해서웨이Berkshire Hathaway 를 이끌고 있는 워런 버핏 회장을 수식하는 표현은 참 많지요. 1930년에 태어난 그는 지금 93세인데요. 아직도 왕성하게 활동하는 살아 있는 투자의 전설입니다. 그는 현재 세계 5위 부자로(포브스Forbes 선정 2023 세계 최고 부자), 2023년 8월 현재 재산이 약 1,060억 달러(약 140조 원)에 이릅니다. 버핏은 전 세계 10위 이내 부자 가운데 유일하게 사업이 아닌 투자를 통해 세계적인 부자가 된 인물이지요.

버핏은 기업 가치보다 저렴한 주식을 사서 투자하는 가치 투자의 대가입니다. 가치 투자의 창시자인 벤저민 그레이엄의 제자로도 유명하지요. 버핏은 투자 인생 초반에는 그레이엄의 가치 투자 방법을 철저히 따랐어요. 그래서 무조건 싼 주식을 선호했지요. 그런데 이 방식으로 투자하면 손해는 덜 보기는 했지만 큰 수익을 내기 어려웠어요. 이에 버핏은 또 다른 투자의 전설 필립 피셔의 성장주 투자법을 받아들입니다. 앞에서도 이야기했지만 버핏은 자신의 투자 방식이 "85퍼센트의 그레이엄과 15퍼센트의 필립 피셔로 이루어져 있다"고 말했습니다.

버핏은 '초우량 성장주를 아주 싸게' 사는 방식으로 투자합니다. 수십 년 이상 안정적으로 성장할 것이라 예상되는 초우량 성장 기업을 발굴해서 기업 가치에 비해 저렴한 가격에 사는 거죠. 구체적으로는 이해하기 쉬운 사업을 하고, 독점적인 지위에 있으며, 장기적으로 돈을 잘 벌 수 있고, 경영진이 믿을 만하며, 주식 인수 가격이 저렴한 기업에 투자하는 거예요.

실제로 버핏이 투자해서 좋은 성과를 올린 기업으로는 코카콜라(음료), 아메리칸 익스프레스(신용 카드), 질레트(면도기), 월트 디즈니(캐릭터, 미디어) 등이 대표적인데요. 이 기업들의 사업 분야는 식품업, 일상용품 제조업, 서비스업 등이라서 일반인이 사업의 장단점을 이해하기가 쉬운 편이지요.

살아 있는 투자의 전설 워런 버핏

독점적 지위를 지닌 기업이란 향후 수십 년 이상 지속적으로 성장할 수 있으면서 경쟁사를 압도하는 제품이나 서비스를 보유한 기업을 뜻합니다. 이런 기업은 안정적으로 성장하면서 어느 정도의 실적을 거둘 수 있는지 예상하기도 수월하지요.

버핏은 또 평소에 현금을 최대한 확보해 두었다가 경기가 침체되어 주식 시장에서 주가가 급락하면 주식을 잔뜩 사들입니다. 보통 사람들은 증시가 과열되면 자기만 돈을 못 벌까 봐 조바심을 내다가, 뒤늦게 주식 시장에 뛰어들어 비싸게 주식을 삽니다. 그러면 주가는 다시 하락세로 돌아서고 결국 손해를 보는 경우가 많지요.

반면에 버핏은 경기와 주식 시장의 큰 흐름을 살펴보다가 관심 있는 종목이 매력적인 가격대까지 내려오기를 기다립니다. 그리고 마침내 주가가 폭락하면 신나게 주식을 사들이지요. 2008년 세계 금융 위기 때도 버핏은 GE, 골드만삭스 등 우량한 기업의 주식을 싼값에 사들였어요.

버핏은 기부를 많이 하는 것으로도 유명해요. 지금까지 총 510억 달러(약 67조 원)나 기부한 것으로 알려졌습니다. 미국에서 가장 많은 금액을 기부한 개인이라고 하네요. 이런 부자, 멋있지요?

찰스 토마스 멍거

워런 버핏의 오른팔이자
현명한 억만장자 투자자

찰스 토마스 멍거Charles Thomas Munger(1924~2023)는 '오마하의 현인' 워런 버핏의 오른 팔로 유명한 투자자였습니다. 버크서 해서웨이의 부회장을 지낸 멍거는 버핏과 40년 가까이 동고동락한 사이입니다. 부동산 전문 변호사 출신으로 독서광인 그는 투자를 통해 억만장자로 자산을 불렸지요. 멍거는 버핏보다 6살 더 많았는데, 2023년 11월 99세로 세상을 떠날 때까지 열심히 회사 경영과 투자에 참여했지요.

하버드 대학교 로스쿨을 졸업한 후 부동산 전문 변호사를 거쳐서 1978년 버크서 해서웨이 이사가 됩니다. 버크서 해서웨이의 계열사 중 하나인 금융 회사 웨스코 파이낸셜Wesco Financial의 최고 경영자chief executive officer, CEO도 역임했어요.

멍거는 성장주 투자를 긍정적이라고 생각했습니다. 그래서 이해하기 좋은 기업, 장기적으로 경쟁 우위를 지속적으로 유지할 수 있는 기업, 신뢰할 수 있는 경영진이 경영하는 기업에 투자해야 한다고 생각했어요. 또 그러한 기업의 주식을 합리적인 가격에 사는 것이 중요하다고 보았고요. 하지만 정말 위대한 기업을 찾아냈다면 아주 싼값이 아니더라도 적당한 가격에 사야 한다고 했어요. "평범한 기업의 주식을 싸게 사는 것보다 뛰어난 기업의 주식을 평범한 가격에 사는 게 낫다"고 생각했기 때문입니다.

이러한 멍거의 생각은 버핏의 투자 인생에서 중요한 전환점이 됩니다. 버핏은 투자 초반에는 스승 벤저민 그레이엄의 극단적으로 싼 주식에 투자하는 방법만 열심히

따랐습니다. 그런데 이 방식으로 투자하
면 손해를 볼 가능성은 낮은 대신 수익률
도 높지 않은 게 흠이었죠. 멍거는 당시 버
핏에게 뛰어난 기업의 주식이라면 평범한
가격에 사는 게 낫다는 자신의 투자 방식
을 일깨워 주었습니다. 이를 받아들인 버
핏은 코카콜라 같은 기업에 투자하기 시
작했고 훨씬 좋은 투자 성과를 올릴 수 있
었어요. 이전에는 비싼 코카콜라의 주식
을 비싸서 살 생각조차 하지 않았거든요.

현명한 억만장자 투자자 찰스 토마스 멍거

멍거의 투자 방식은 버핏의 방식과 꽤
비슷하지만 다른 점도 있습니다. 버핏은 미국의 미래에 대해 거의 무한하다고 해도
좋을 정도로 깊이 신뢰하며 미국 기업에 투자하는 것을 선호합니다. 하지만 멍거는
미국이 이제 성장의 정점에 이르렀다고 생각해서 그 대안으로 새롭게 떠오르는 중국
에 주목했어요. 그래서 멍거는 버크셔 해서웨이 지분으로 보유했던 자산을 제외한
나머지 개인 자산의 상당액을 중국 기업에 투자했죠. 이런 멍거의 의견은 버크셔 해
서웨이가 중국의 전기차 기업 비야디Build Your Dream, BYD에 투자하는 데 큰 영향을 미
쳤습니다.

멍거는 비트코인Bitcoin 등 가상 자산에 투자하는 것을 부정적으로 보았습니다.
그는 공개적인 자리에서 가상 자산을 질병에 비유하기도 하고 "비트코인의 가치는
0이 될 것"이라고도 했지요. 가상 자산의 미래가 과연 멍거의 예상대로 흘러갈지 궁
금하네요.

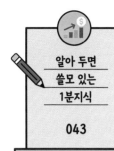

피터 린치

'생활 속 투자 종목 발굴'로 유명한
전설적인 펀드 매니저

피터 린치Peter Lynch(1944~)는 월가의 전설적인 주식 투자자입니다. 세계적인 자산 운용사 피델리티 인베스트먼트Fidelity Investment의 마젤란 펀드Magellan Fund를 1977년 2,000만 달러(약 265억 원)에 맡아서 1990년까지 13년 동안 700배에 이르는 140억 달러(약 19조 원) 규모로 성장시켰어요. 연평균 수익률로 환산하면 29.2퍼센트나 됩니다. 연간 이자율이 29퍼센트인 예금에 13년 동안 돈을 맡겼다고 생각해 보세요. 어마어마한 금액이죠?

린치는 현역 펀드 매니저 시절에 무려 1만 5,000개 종목을 관리했고 새 종목도 열심히 발굴하느라 정신없이 살았지요. 너무 바쁜 펀드 매니저 생활에 회의를 느낀 그는 전성기였던 46세 때 가족과 더 많은 시간을 보내기 위해 현역에서 물러납니다. 현재 그는 피델리티 매니지먼트 앤드 리서치Fidelity Management and Research의 부회장으로 근무하며 투자 교육에 힘을 쏟고 있어요.

린치는 생활 속에서 투자 아이디어를 발굴하는 일을 잘했어요. 가족과 쇼핑하면서 아내와 딸들이 좋아하는 의류 브랜드, 식품 등이 눈에 띄면 열심히 조사해서 투자하기도 했어요. 이런 종목 중 그가 큰 수익을 올린 종목으로는 던킨도너츠(25배), 월마트(1,000배), 맥도날드(400배), 홈데포(260배), 더바디샵(70배), 갭(25배) 등이 유명합니다.

린치는 또 발로 뛰는 투자자이기도 했어요. 관심 있는 기업들을 부지런히 방문하며 투자 대상 기업을 발굴했어요. 훌륭한 기업을 찾아내면 그 기업보다 별로인 기존

피터 린치가 운용한 마젤란 펀드의 수익률

보유 기업의 주식을 팔고 새 기업의 주식을 샀지요. 린치는 거시 경제에 신경 쓰지 않고 오직 개별 기업의 가치만 보고 투자를 결정했습니다. 그래서 린치의 펀드에는 중소형 성장주가 많았어요.

린치는 개인 투자자에게 스스로 기업을 발굴해서 직접 주식에 투자해 보라고 권했어요. 개인 투자자는 불합리한 평가와 규제가 없어서 펀드 매니저 같은 전문 투자자보다 조건이 유리하다면서요. 예를 들어 자산 운용사에서 일하는 펀드 매니저는 펀드의 성격에 따라 시가 총액 상위 종목을 펀드에 꼭 넣어야 할 때도 있어요. 게다가 시장 평균 상승률보다 담당 펀드의 상승률이 낮으면 그 이유를 보고서로 작성해서 제출해야 하는 경우도 있죠. 이처럼 전문 투자자는 회사에 속해 있기 때문에 번거로운 제약이 많아요. 하지만 개인 투자자에는 이런 제약이 없지요.

하지만 개인 투자자가 수익률을 높이려면 전문가 못지않게 주식을 열심히 공부해야 합니다. 린치는 "조사 없이 투자하는 것은 패를 보지 않고 포커를 치는 것과 같다"고 강조했지요. 린치가 담당한 마젤란 펀드에 투자했던 투자자 가운데 절반은 오히려 손실을 보았다고 해요. 펀드 수익률이 높아지면 허둥지둥 돈을 맡기고 수익률이 낮아지면 실망하면서 많이 환매했기 때문이라고 합니다. 아무리 좋은 펀드라도 돈을 맡기는 개인 투자자의 활용 방식에 따라 수익률이 결정된다는 점을 꼭 기억하세요.

113 •

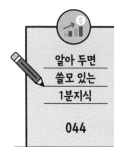

앙드레 코스톨라니

달걀 모형과 산책하는 개 이론으로 유명한
유럽의 투자 전설

현존하는 가장 유명한 투자자는 미국의 워런 버핏입니다. 유럽에도 버핏에 필적할 만한 전설적인 투자자가 있어요. 바로 앙드레 코스톨라니André Kostolany(1906~1999)입 니다. 코스톨라니의 달걀 모형, 산책하는 개 등 그가 주식 시장을 설명한 몇 가지 참신한 이론은 지금도 많은 투자자에게 시장을 이해할 수 있는 통찰력을 전하고 있어요.

코스톨라니는 1906년 헝가리의 부유한 유대인 가정에서 태어났어요. 철학과 미 술사를 전공한 그는 아버지의 권유로 프랑스 파리에서 공부하며 주식 투자를 배웁니 다. 18세부터 투자를 시작해 1999년에 사망할 때까지 약 80년 동안 투자자로 살았 지요. 제2차 세계 대전을 전후해 파리와 독일에서 주식과 채권 투자로 명성이 높았 습니다. 특히 주식 투자를 예술의 경지에 올려놓았다는 평가를 받고 있어요.

코스톨라니의 달걀 모형은 투자 시장의 주기를 설명한 그림으로 유명합니다. 코 스톨라니는 달걀 모양의 길쭉한 타원형을 그려 놓고, 달걀의 왼쪽 곡선은 투자 시장 (주식, 채권, 원자재 등)이 상승하는 강세장으로, 달걀의 오른쪽 곡선은 내려가는 약세장 으로 정의했어요. 그리고 시중 자금이 금리에 따라 이동하는 모습을 설명합니다. 지 금 시장이 달걀의 어느 지점에 와 있는지를 생각해 보면 투자 여부를 판단하는 데 도 움이 됩니다. 예를 들어 주식, 부동산 같은 자산은 금리가 낮을 때 매입했다가 금리 가 높아지는 구간에 들어가면 매도하는 거죠. 코스톨라니는 달걀의 순환 주기를 여

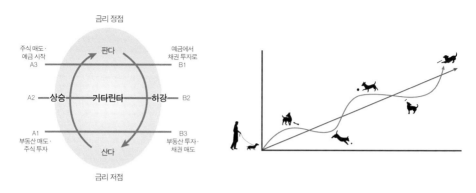

코스톨라니의 달걀 모형(왼쪽), 산책하는 개 이론(오른쪽)

섯 가지 국면으로 구분했습니다. 각 국면에서 전체 투자금의 30퍼센트는 대중과 같은 방향으로, 나머지 70퍼센트는 대중과 반대 방향으로 움직이는 게 좋다고 했어요.

산책하는 개 이론도 흥미롭습니다. 코스톨라니는 시장 경제와 주식 시장의 흐름이 산책하는 주인과 개의 행동과 흡사하다고 했지요. 즉 산책을 나가면 개는 주인을 앞서거니 뒤서거니 하며 여기저기 뛰어다니다가, 결국 주인과 함께 목적지에 도착합니다. 마찬가지로 기업 가치와 주가는 결국 같은 방향으로 움직인다는 거죠.

이 밖에도 그가 남긴 명언들로는 "투자에 성공하려면 대중과 반대로 가라" "세계적인 우량주를 사들인 다음 수면제를 먹고 몇 년 동안 푹 자라" "투자자에게 가장 어려운 일이 바로 주식에서 본 손실을 받아들이는 것이다. 이것은 외과 수술과 유사하다. 독사에게 팔을 물렸다면 온몸에 독이 퍼지기 전에 팔을 절단해야 한다"와 같은 수많은 명언을 남겼습니다.

코스톨라니는 글솜씨가 좋아서 투자와 관련된 수많은 칼럼을 쓰고 13권의 저서를 남겼습니다. 4개 국어에 능통했던 그는 타고난 예술가적 기질과 유머 감각을 담은 글을 썼지요. 유려하고 재치 있는 그의 문장은 지금도 재미있고 술술 읽힌답니다. 기회가 된다면 그의 책을 찾아 읽어 보세요.

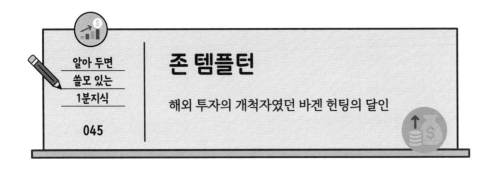

존 템플턴

해외 투자의 개척자였던 바겐 헌팅의 달인

존 템플턴John Templeton(1912~2008)은 일찍이 투자 범위를 전 세계로 넓혀 40년 동안 우수한 실적을 올린 투자자입니다. 그야말로 해외 투자의 개척자라고 볼 수 있지요. 동시에 상대적으로 저렴한 우량주에 투자한 가치 투자자이기도 했습니다.

1912년에 미국 테네시주에서 태어난 템플턴은 미국 예일 대학교와 영국 옥스퍼드 대학교에서 경제학을 공부했습니다. 25세였던 1937년 미국 월가의 금융 회사에 들어가, 기업 가치가 낮게 평가된 주식들을 골라 투자해서 주목받았습니다. 1954년에는 자신의 투자 회사인 템플턴 그로스Templeton Growth를 세웠습니다.

템플턴은 좋은 기업의 주식을 싸게 사는 것을 '바겐 헌팅bargain hunting'이라고 부르며 매우 중요하게 여겼습니다. 템플턴에게 저가 매수란 실제 가치보다 80퍼센트가 싼 가격을 뜻했습니다. 이 정도로 저렴해지려면 그야말로 주식 시장이 외환 위기나 금융 위기에 처한 정도로 풍비박산이 된 상태여야 하는데요. 실제로 그는 1939년 미국 증시가 불안할 때 1달러보다 낮은 가격으로 거래되던 104개 종목을 1만 달러에 사들여서 막대한 수익률을 기록하지요.

그는 바겐 헌팅으로 투자할 기업을 찾기 위해 미국 증권 시장에서 벗어나 전 세계로 시야를 넓혔습니다. 전 세계 증권 시장에서 투자처를 찾는다면 선택의 폭이 넓어지는 만큼 수익률이 높은 주식을 쉽게 찾을 수 있을 거라고 본 거지요.

템플턴은 제2차 세계 대전 후 1950년대에 일본이 경제 대국으로 부상할 것이라고 예상하고 일본 증권 시장에 투자하기 시작합니다. 그가 예상한 대로 일본 경제가 성장하면서 일본 증권 시장은 그 후 30년 동안 약 36배나 커졌습니다. 템플턴은 1980년대 말에야 비로소 일본에 투자했던 자금을 회수하며 막대한 수익률을 올렸지요.

템플턴은 이후 IMF 경제 위기에 처한 우리나라로 눈을 돌려 투자했고, 이번에도 높은 수익을 기록했습니다. 1998년 초 한국 증시가 바닥을 쳤다고 판단한 템플턴은 '매튜스 코리아 펀드

기부와 사회 사업으로도 명성이 높았던
투자자 존 템플턴

Mattews Korea Fund'라는 뮤추얼 펀드mutual fund(주식을 발행해서 모은 투자 자금을 전문 운용 회사에 맡기고 발생한 수익을 투자자에게 배당금 형태로 나누어 주는 투자 회사)로 한국 증권 시장에 투자했지요. 템플턴은 이후 2년 만에 이 펀드로 267퍼센트의 높은 수익률을 냅니다.

그는 "비관이 극대화되는 시기가 매수의 최적기이다" "강세장은 비관에서 태어나 회의에서 자라고 낙관에서 성숙하고 행복감에서 죽는다" 등 투자에 대한 그의 날카로운 통찰력을 보여 주는 어록을 남겼습니다.

템플턴은 해외 투자와 가치 투자뿐 아니라 기부와 사회 사업으로도 잘 알려져 있습니다. 1972년 종교계의 노벨상이라고 불리는 템플턴상을 제정했고, 1987년 존 템플턴 재단을 설립해 봉사 활동에도 나서지요. 이런 그의 활동 덕분에 그는 '영혼이 있는 투자자'로 불립니다. 그를 높이 평가한 영국 여왕에게 기사 작위를 받았으며, 이후 템플던 경으로 불립니다. 템플턴은 2008년에 세상을 떠났지만 여전히 많은 이들에게 존경받고 있습니다.

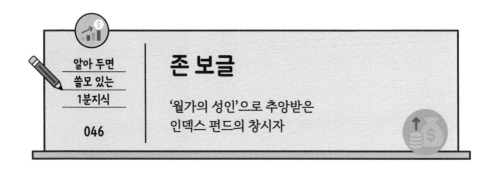

존 보글

'월가의 성인'으로 추앙받은
인덱스 펀드의 창시자

노벨 경제학상 수상자인 폴 새뮤얼슨Paul Anthony Samuelson(1915~2009)은 이렇게 말한 적이 있습니다. "존 보글John Clifton Bogle(1929~2019)이 개발한 인덱스 펀드index fund는 바퀴와 알파벳 발명만큼 가치가 있다." 바퀴는 문명 발전에 큰 역할을 했고, 알파벳은 문자이니 이 또한 서구 문명 발전에 중요한 요소인데요. 인덱스 펀드는 개별 종목이 아닌 시장 전체나 특정 분야를 모아 놓은 지수를 목표 지수로 설정해서 이 지수와 동일한 수익률을 올리도록 운용하는 펀드입니다. 그런데 이 인덱스 펀드가 바퀴, 알파벳과 어깨를 나란히 한다니 놀랍지요? 그렇다면 이 인덱스 펀드의 실질적인 창시자로 알려진 존 보글은 어떤 사람일까요?

보글은 인덱스 펀드 전문 자산 운용사인 뱅가드그룹Vangard Group의 설립자입니다. 기관이 아닌 개인 투자자를 위한 인덱스 펀드를 시장에 출시해서 누구나 인덱스 펀드에 투자할 수 있는 길을 열었지요. 그래서 '인덱스 펀드의 아버지'라고 불립니다.

1929년 미국 뉴저지주에서 태어난 보글은 프린스턴 대학교 경제학과를 졸업한 후 웰링턴 매니지먼트Wellington Management라는 유명한 자산 운용사에서 들어가요. 열심히 일해서 CEO까지 지낸 후 퇴사한 그는 1974년에 뱅가드그룹을 설립하고 1975년에는 인덱스 펀드를 개발해 시장에 내놓습니다. 당시만 해도 주식 시장은 잦은 매매로 고수익을 추구하는 액티브 펀드active fund(시장 초과 수익률을 얻기 위해 적극적이고 과감하게 종목을 선정해서 운용하는 펀드)가 주류였는데요. 지수를 따라가는 인덱스 펀드로 천천히 오랫동안 꾸준히 투자하는 것을 강조한 보글의 주장은 꽤 생소한 것이어서 비판도 많이 받았다고 합니다.

인덱스 펀드의 창시자 존 보글

하지만 보글은 투자와 투기의 개념을 구분해야 한다고 보았어요. 또한 펀드를 거래할 때 각종 수수료가 붙기 때문에 투자자가 그 비용도 줄이는 게 중요하다고 생각했어요. 그래서 주식을 자주 매매해서 매매 수수료를 많이 내야 하는 액티브 펀드보다 주식을 오래 보유하는 인덱스 펀드가 장기적으로는 더 높은 수익률을 올릴 수 있다고 보았습니다.

보글은 이런 철학을 바탕으로 적은 비용을 투자해서 광범한 종목을 보유하는 전략을 바탕으로 한 인덱스 펀드를 만들었고, 주식을 수시로 사고파는 단기 투기를 지양했어요. 이는 투자자의 이익을 최우선으로 생각하기 때문에 가능한 전략이지요. 이와 같은 보글의 철학 덕분에 그는 월가의 성인으로 불립니다.

보글은 1996년까지 뱅가드그룹의 CEO를 맡아서 뱅가드그룹을 세계 최대 규모의 자산 운용사로 키웠어요. 그의 저서 『모든 주식을 소유하라The Little Book of Common Sense Investing』에서, "건초 더미에서 바늘을 찾으려 하지 말고 건초 더미를 사라"고 밝힌 그의 투자 원칙은 유명합니다.

버핏도 2017년 주주들에게 보낸 연례 서한에서 "투자자들을 위해 가장 많은 공헌을 한 사람을 위한 동상을 세운다면, 당연히 보글의 동상이어야 한다"며 보글을 극찬했지요.

보글은 은퇴 후에도 강연, 저술 등 통해 꾸준히 인덱스 펀드를 알리기 위해 노력하다가 2019년 89세에 식도암으로 세상을 떠났습니다.

조지 소로스

헤지 펀드계의 전설,
20세기 최고의 펀드 매니저

조지 소로스George Soros(1930~)는 '헤지 펀드계의 전설' '헤지 펀드의 대부'라고 불리는 미국의 투자자입니다. 헤지 펀드는 주식, 채권, 파생 상품, 실물 자산 등 다양한 상품에 투자해 목표 수익을 달성하려는 펀드인데요. 대규모 자금을 운용하는 100명 미만의 투자자로부터 자금을 모아 투자하는 사모 펀드 형태가 일반적입니다. 헤지 펀드는 돈을 벌 수 있다면 가능한 모든 방식을 동원하는 경우가 적지 않아서 그 여파로 피해를 입는 쪽에서는 비난을 하기도 해요. 소로스는 바로 이 헤지 펀드 분야에서 큰 업적을 남긴 투자자인데요. 20세기 최고의 펀드 매니저라고 평가받는 그는 과연 어떤 인물일까요?

소로스는 유대계 헝가리인입니다. 1930년 헝가리 부다페스트에서 태어났는데, 제2차 세계 대전 직후인 1947년 영국으로 이민을 갑니다. 런던 정치 경제 대학London School of Economics and Political Science, LSE을 졸업한 후 1956년 미국으로 다시 이민을 가서 월가에서 펀드 매니저로 금융계에 들어갔어요. 펀드 매니저로서 실력을 보여준 그는 1969년 상품 투자의 귀재로 불리는 투자 전문가 짐 로저스Jim Rogers(1942~)와 함께 헤지 펀드 회사인 퀀텀펀드Quantum Fund를 설립하지요. 약 20여 년 만에 퀀텀펀드는 약 2,100만 달러(약 278억 원)의 자금을 굴리는 펀드로 성장하는데요. 이는 연평균 35퍼센트라는 놀라운 수익률로 환산할 수 있습니다.

소로스는 특히 외환 거래로 큰 수익을 올렸어요. 1992년 유럽 각국의 통화 공급이 불안정한 시기에 그는 영국 파운드화를 투매(손해를 무릅쓰고 주식이나 채권을 싼값에 팔아 버리는 일)해 영국에 '검은 수요일Black Wednesday' 사태를 일으킨 주범으로 떠오릅니다. 이 사태로 인해 영국은 유럽 환율 메커니즘European Exchange Rate Mechanism에서 탈퇴하게 됩니다. 하지만 소로스는 일주일 만에 10억 달러(약 1조 3,000억 원)를 벌었어요.

헤지 펀드계의 전설 조지 소로스

1997년 아시아 외환 위기 때도 비슷한 방식으로 큰돈을 벌었고, 당시 동남아시아 통화 위기의 주범으로 꼽히며 엄청난 비난을 받았습니다. 이러한 그의 투자 방식 때문에 소로스는 '투자 천재'라고 찬사를 받기도 하지만 '최고의 사기꾼'이라고 욕을 먹기도 했어요.

소로스는 2000년 4월 퀀텀펀드에서 첨단 기술주에 투자해서 50억 달러(약 6조 6,000억 원)라는 큰 손실을 입습니다. 헤지 펀드의 투자 방식은 원래 '고위험을 감수하는 대신 고수익을 얻는' 경우가 많습니다. 이는 거꾸로 생각하면 큰 손실을 입을 위험이 그만큼 높다는 뜻이기도 해요. 이때 손실을 입은 후 소로스는 고위험 고수익 전략을 접은 것으로 알려졌어요.

소로스는 2011년에 헤지 펀드 업계에서 은퇴를 선언합니다. 하지만 2023년 현재 92세인 그는 가족 회사의 자금을 운용하며 여전히 투자를 계속하고 있어요. 포브스에서 선정하는 미국 400대 부자 순위에도 꾸준히 이름을 올리고 있어요. 2023년 8월 기준 128위로 순자산은 67억 달러(약 8조 9,000억 원)입니다. 소로스의 자산 규모는 전성기 때 30조~40조 원에 이르렀는데, 그때와 비교하면 많이 줄었습니다. 이는 기부를 많이 했기 때문이에요. 소로스는 1979년 자선 단체인 '열린 사회 재단Open Society Foundation'을 세우고 민주주의 인권 운동과 환경 운동에 매년 거액을 지원하고 있습니다.

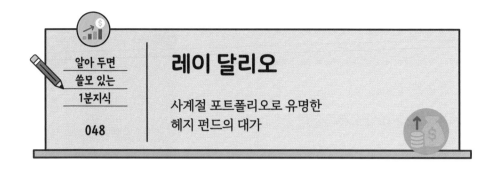

레이 달리오

사계절 포트폴리오로 유명한
헤지 펀드의 대가

레이 달리오Ray Dalio(1949~)는 조지 소로스에 이어 헤지 펀드의 대부로 떠오른 투자자입니다. 국내에서는 사계절 포트폴리오all weather portfolio 전략으로 유명한데요. 이는 어떤 경제 여건에서도 꾸준하게 수익을 낼 수 있는 자산 배분 포트폴리오로, 달리오가 고안한 투자 전략입니다.

1949년 미국 뉴욕에서 태어난 달리오는 12살이라는 어린 나이에 투자를 시작했어요. 골프장 캐디로 아르바이트를 하다가 손님으로 왔던 월가 투자자들의 이야기를 어깨너머로 들으며 투자에 흥미를 가졌다고 해요. 그리고 골프장에서 번 돈으로 항공주에 투자해 무려 원금의 3배를 벌었다고 해요. 계속해서 투자에 관심을 갖고 있던 그는 롱아일랜드 대학교(재무학)를 졸업하고 뉴욕 증권 거래소에 들어갑니다. 직장 생활을 하면서 하버드 경영 대학원(경영학)에서 공부도 하지요.

몇몇 투자 회사를 거치면서 원자재 거래, 선물 거래 등의 전문성까지 쌓은 그는 1975년 드디어 자신의 투자 회사인 브리지워터 어소시에이츠Bridgewater Associates를 설립해요. 1982년부터 1987년까지 미국 주식 시장에서 주가가 큰 폭으로 상승하던 시기에 증시 하락을 예상하고 공매도short stock selling(주가 하락에서 생기는 차익금을 노리고 실물 없이 주식을 파는 행위)를 했다가, 하마터면 회사 문을 닫을 뻔할 정도로 큰 손실을 입기도 했어요.

하지만 결국 재기에 성공해서 2005년 브리지워터 어소시에이츠는 세계 최대 규

자산군	비중(퍼센트)	ETF(명칭)
미국 주식	30	SPY
미국 장기 채권	40	TLT
미국 중기 채권	15	IEF
금	7.5	GLD
원자재	7.5	DBC

레이 달리오가 공개한 일반인을 위한 사계절 포트폴리오 표준 투자 비중

모의 헤지 펀드로 성장해요. 2017년 브리지워터가 굴리는 자산은 1,600억 달러(약 211조 7,600억 원)에 이르렀지요. 달리오는 72세였던 2022년 10월 현역에서 은퇴했지만 여전히 개인 자산이 상당히 많습니다. 포브스 집계에 따르면 2023년 기준 191억 달러(약 25조 2,000억 원)로 전 세계 부자 순위 83위랍니다.

달리오의 투자 전략인 사계절 포트폴리오는 어떤 경제 환경에서도 안정적인 수익을 추구한다는 것이 흥미로운데요. 이 전략의 핵심은 주식, 채권, 원자재 등 성격이 제각각이라서 상관관계가 낮은 여러 유형의 자산에 골고루 나눠서 투자한다는 것입니다.

1984년부터 2013년까지 30년 동안 사계절 포트폴리오의 투자 성과를 분석한 결과, 연평균 9.72퍼센트의 안정적인 수익률을 기록한 것으로 나타나는데요. 이 30년 동안 연간 수익률이 마이너스였던 해는 4년에 그쳤다고 합니다. 가장 손실이 컸던 2008년은 금융 위기로 전 세계 금융 시장이 초토화되었던 해입니다. 그해 미국 주식 시장의 대표 지수인 S&P 500의 상승률은 -37퍼센트였는데, 사계절 포트폴리오의 수익률은 -3.93퍼센트로 상당히 양호했어요. 즉 사계절 포트폴리오의 투자 전략은 엄청난 고수익보다는 수익률의 등락이 완만한 안정적인 수익률을 추구하는 투자자에게 적당한 방법입니다.

달리오는 일반인 투자자들도 시도해 볼 수 있도록 사계절 포트폴리오의 표준 투자 비중을 위의 표와 같이 공개했습니다.

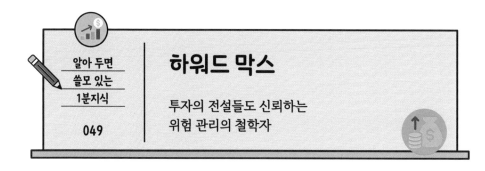

알아 두면
쓸모 있는
1분지식

049

하워드 막스

투자의 전설들도 신뢰하는
위험 관리의 철학자

워런 버핏은 "메일함에 그가 보낸 메일이 있으면 나는 그것을 가장 먼저 읽는다"고 이야기한 적이 있습니다. 이 메일의 주인공은 바로 오크트리 캐피털 매니지먼트Oaktree Capital Management의 회장이자 공동 설립자인 하워드 막스Howard Marks(1946~)입니다. 어떤 인물이기에 금세기 최고의 투자자로 꼽히는 버핏이 그의 이메일을 기다리는 걸까요?

막스는 버핏뿐만 아니라 찰스 멍거, 존 보글, 레이 달리오 등 다른 저명한 투자자들도 신뢰하는 뛰어난 투자자입니다. 시장이 과열될 때는 가만히 지켜보다가 경제 상황이 악화되면 비로소 공격적으로 투자에 나서는 시장 역행 투자자contration로도 유명하지요.

그는 고객들에게 메모 형식으로 꾸준히 편지를 보내는데요. 그 편지 내용으로 투자 기회와 시장 위험에 대한 날카로운 시각과 깊이 있는 투자 철학을 전하는 것으로 명성이 높습니다. 특히 위험 관리를 중시하는 그는 '위험 관리의 철학자'라고 불리기도 해요.

1946년에 미국 뉴욕에서 태어난 막스는 펜실베이니아 대학교 와튼 스쿨에서 재무학을 전공하고 시카고 대학교 경영 대학원에서 회계와 마케팅으로 경영학 석사Master of Business Administration, MBA를 취득했습니다. 이후 1960년대 후반에 씨티코프 인베스트먼트Citicorp Investment에서 주식 리서치 애널리스트로 월가에 들어갔습니다.

당시는 니프티 피프티Nifty-fifty(미국에서 기관 투자자들이 선호하던 종목군을 이르는 말. S&P 500 중 상위 50개 종목)라고 불리던 대형주의 주가가 하늘 높은 줄 모르고 급등하던 시절이었어요. 너무 매력적인 기업들이 포함되어 있어서 어떤 가격에 사도 괜찮다는 생각을 하는 사람들이 많았어요. 하지만 산이 높으면 골이 깊게 마련이죠. 니프티 피프티 종목들은 1970년대 중반에 주가가 70퍼센트 이상 급락합니다. 막스는 이 상

위험 관리를 중요하게 여긴 하워드 막스

황을 지켜보면서 아무리 훌륭한 종목이라도 비싸게 사면 위험하다는 것을 배웁니다. 이후 채권 전문가로 성장하는 과정에서 위험 관리의 중요성을 꾸준히 경험하지요.

막스는 이후 TCW 그룹으로 옮겨 펀드 매니저로 일하면서 부실 채권, 하이일드 채권high yield bond(신용도가 낮은 대신에 수익률이 높은, 투기 등급의 고수입 채권), 전환 사채 등 여러 채권 투자 분야를 두루 섭렵합니다. 그리고 오크트리 캐피털을 공동 창업해요. 오크트리는 2020년 말 기준 운용 자산 규모가 1,480억 달러(약 195조 6,000억 원)에 이르는 대형 투자 회사가 됩니다. 막스는 16년 이상 동안 매년 연평균 수익률 19퍼센트를 낼 정도로 상당한 실력자랍니다.

막스는 시장에서 살아남으려면 시장의 순환 주기를 잘 살펴봐야 한다고 말합니다. 다만, 시장이 현재 순환 주기의 어디쯤 와 있는지 파악하는 데 그치지 말고, 현재 상황에서 투자 대상의 가격이 내재 가치와 비교해 어느 정도 수준인지를 이해하는 게 중요하다고 하지요.

막스가 위험 관리를 강조하는 것은 투자에 성공하려면 시장에서 살아남는 것이 중요하기 때문인데요. 그는 장기적으로 평균 이상의 성과를 거두려면 크게 실패하지 않아야 한다고 조언합니다.

금융 생태계를 교란한 최대의 다단계 사기꾼
_폰지 사기를 저지른 버나드 메이도프

할리우드 영화 〈더 울프 오브 월스트리트The Wolf of Wall Street〉(2014)에서 배우 리어
나도 디캐프리오가 맡았던 주인공 조던 벨포트Jordan Belfort는 화려한 언변으로 미국
증권업계에서 크게 성공했다가 주가 조작 범죄를 저질러 결국 몰락하지요. 벨포트는
실존 인물인데요. 억만장자에서 금융 사기꾼으로 전락한 드라마틱한 그의 인생은 영
화로 그려질 만했지요. 벨포트는 2억 달러(약 2,600억 원) 규모의 증권 불법 사기 행위를
저질렀고, 1999년 22개월형을 선고받고 복역합니다. 영화로까지 만들어졌으니 상
당히 유명한 금융 사기꾼이 분명한데요.

그런데 이런 벨포트를 시시하게 만드는 진짜 엄청난 금융 사기꾼은 따로 있답니
다. 바로 미국 역사상 최대 규모의 다단계 금융 사기인 폰지 사기Ponzi Scheme를 저지
른 버나드 메이도프Bernard Madoff라는 인물인데요. 그가 사기 친 금액은 무려 650억
달러(약 85조 원)에 달하거든요.

메이도프는 약 38년 동안 전 세계 136개국의 투자자 3만 7,000여 명을 대상으로
고수익을 올릴 수 있다면서 주식과 채권 투자를 권했어요. 그의 회사에 돈을 맡긴 유
명인도 많았어요. 영화감독 스티븐 스필버그, 배우 케빈 베이컨과 존 말코비치, 노벨

평화상 수상자인 작가 엘리 위젤 등입
니다.

메이도프는 이렇게 받은 돈을 전
혀 투자하지 않았대요. 대신 새로운
투자자에게 투자금을 받으면 이 자금
으로 기존 투자자에게 원금의 10퍼센
트 이상을 수익금으로 지급했지요. 이
는 전형적인 다단계 금융 사기입니다.

버나드 메이도프가 저지른 폰지 사기의 구조

그의 사기 행각은 지난 2008년 세계 금융 위기 때 전모가 드러나요. 불안했던 투자
자들이 한꺼번에 투자금을 돌려달라고 요구했는데, 메이도프가 제대로 돌려주지 못
했으니까요.

어떻게 그토록 오랜 기간 많은 사람을 속일 수 있었을까요? 1938년생인 메이도
프는 1960년 22세에 메이도프 투자증권을 설립했어요. 당시 그는 투자자들에게 매
년 8~10퍼센트라는 높은 수익을 안정적으로 지급하며 신뢰를 얻었어요. 미국, 유럽,
중동, 아시아 등에 걸쳐 많은 개인 투자자에게 투자금을 받았지요. 한편으로는 미국
주식 시장에 최초로 전산화를 도입했을 정도로 앞서가는 인물이기도 했어요. 점점
월가에서 영향력이 커진 그는 1990년 미국 나스닥 증권 거래소 회장도 역임했어요.
미국 금융계에서 존경받는 거물 금융인이었던 거죠.

하지만 사기 행각은 2008년 세계 금융 위기를 거치며 발각됩니다. 2008년 체포
된 메이도프는 2009년에 무려 150년형을 받고 수감됩니다. 그는 감옥에서 2021년
4월 14일 82세의 나이로 사망했는데 이 정도면 거의 자연사죠. 세계 금융 역사에 길
이 남을 금융 사기꾼의 결말이 너무 평범한 것 같아 다소 씁쓸하기도 합니다.

5장
금융 지표

- ☑ 국내 총생산
- ☐ 경기 종합 지수
- ☐ 환율
- ☐ 실업률과 고용률
- ☐ 물가 지수
- ☐ 소비자 동향 지수와 기업 경기 실사 지수
- ☐ 주가 지수
- ☐ 변동성 지수
- ☐ 국제 결제 은행 자기 자본 비율
- ☐ 일상 속 경기 지표

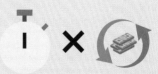

국내 총생산

한 나라의 경제 수준은 어떻게 알 수 있을까?

한 나라가 경제적으로 잘 사는지 못 사는지는 어떻게 판단할 수 있을까요? 이를 알기 쉽게 비교하기 위해 만든 지표가 바로 국내 총생산Gross Domestic Product, GDP입니다. 한 국가의 영역 안에서 가계, 기업, 정부 등 경제 주체들이 일정 기간 동안 생산 활동에 참여해 창출한 부가 가치나 최종 생산물을 합해서 화폐 단위로 나타낸 것입니다.

일반적으로 GDP는 분기 또는 연간을 주기로 집계하는데요. 우리나라 사람과 외국인을 가리지 않고 무조건 우리나라 국경 안에서 생산 활동을 통해 만들어진 시장 가치는 모두 포함해요. 쉽게 말해 우리나라에서 생산된 모든 소득을 의미한다고 볼 수 있어요. 따라서 국내에 거주하는 비거주자(외국인)에게 지불한 소득과 국내 거주자가 외국에 용역을 제공해서 받은 소득도 모두 포함합니다.

GDP는 현재 경제 성장률을 파악하는 중심 지표로 사용되고 있어요. IBRD와 경제 협력 개발 기구OECD에서 각 나라의 경제 상황을 판단하는 기준도 GDP입니다. 우리나라는 지난 1995년 4분기부터 국가 경제 규모를 보여 주는 지표로 GDP를 사용하고 있어요. 그 전까지는 국민 총생산Gross National Product, GNP을 활용했고요.

GDP는 한 국가 안에서 생산된 모든 부가 가치를 더한 것이지만, GNP는 전 세계 어느 지역이든 상관없이 우리나라 국민이 생산한 모든 부가 가치를 더한 거예요. 예전에 우리나라는 다른 나라들과의 무역 규모가 별로 크지 않아서 국내에서 경제 활동을 하는 비중이 높았어요. 따라서 우리 국민을 기준으로 해서 부가 가치를 집계하

GDP는 한 국가 안에서 생산된 모든 부가 가치의 합이다

는 게 합리적이었지요. 하지만 우리 기업들의 해외 진출이 늘어나면서 우리나라 국민이 해외에서 벌어들이는 소득을 때맞춰 정확하게 산출하는 것이 어려워졌어요.

게다가 우리나라에 들어와서 사업하는 외국계 기업들도 늘어나고 이런 외국계 기업들의 소득은 어렵지 않게 파악할 수 있지요. 사실 외국계 기업들은 국내에서 활동하다 보면 벌어들인 돈을 국내에서 지출하거나 공장을 짓는 등 재투자하는 경우가 많아요. 외국계 기업들이 창출하는 일자리도 적지 않고요. 또 외국계 기업에서 일하는 외국인들도 우리나라에서 살면서 다양한 분야에 지출을 하면서 살아가지요. 전 세계적으로도 무역 규모가 확대되다 보니 많은 국가가 이런 점을 고려해 국가의 경제 규모를 분석하는 기준으로 GNP가 아닌 GDP를 사용하게 되었습니다. 그러니까 GDP가 한 나라의 경제 활동을 정확히 반영하는 기준으로 인정받게 된 이유는 결국 세계의 교류가 확대되었기 때문이라고 할 수 있습니다.

하지만 GDP가 완벽한 기준인 것은 아니에요. 국민 행복도라든가 국가별 생활 환경 수준, 또 가사 노동처럼 시장에서 가치를 정확히 측정하지 못하는 경제 행위는 반영할 수 없답니다.

경기 종합 지수

경제 전체의 경기 상황을 알고 싶다면?

개인이나 기업이 경제 활동을 할 때는 경기가 좋은지 나쁜지에 따라 그 성과가 크게 달라집니다. 정부도 경기에 따라 거둘 수 있는 세금 규모가 다르고요. 그래서 경기 상황이 지금은 어떤지, 앞으로는 어떻게 될지는 경제 주체들이 항상 관심을 갖고 살펴봅니다. 이런 궁금증을 해소해 주는 경제 지표가 바로 경기 종합 지수Composite Indexes of Business Indicators입니다.

개별 경제 지표들은 경제 활동의 일부만 보여 줍니다. 그러다 보니 경제 전체의 경기 동향을 파악하기가 어렵죠. 하지만 경기 종합 지수는 생산, 소비, 투자, 고용, 금융, 대외 등 경제의 각 부문을 종합해서 산출하기 때문에 국민 경제의 전반적인 상태를 파악할 수 있답니다.

경기 종합 지수는 통계청에서 매달 산출해서 발표합니다. 각종 경제 지표의 전월 또는 전년의 같은 기간과 비교한 증감률을 합성해서 산출해요. 앞으로의 경기 동향을 예측할 때 쓰이는 것은 경기 선행 지수leading composite index(선행 종합 지수), 현재의 경기 상황을 나타내는 것은 경기 동행 지수coincident composite index(동행 종합 지수), 과거의 경기 동향을 보여 주는 것은 경기 후행 지수lagging composite index(후행 종합 지수)입니다.

경기 선행 지수 산출에 이용하는 지표에는 재고 순환 지표, 경제 심리 지수, 기계류 내수 출하 지수(선박 제외), 건설 수주액(실질), 수출입 물가 비율, 코스피 지수, 장단기 금리차 등이 있어요. 이처럼 앞으로 일어날 경제 활동에 큰 영향을 미치는 일곱

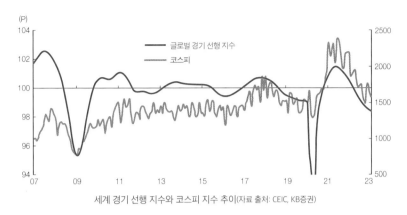

세계 경기 선행 지수와 코스피 지수 추이(자료 출처: CEIC, KB증권)

가지 지표를 이용해 산출합니다. 이 지표들이 좋으면 경기가 회복 중인 거죠.

산출된 지수의 증감률을 보면서 우리는 6~7개월 후의 경기가 어느 쪽을 향할지 예측할 수 있어요. 지수는 절대적인 수치 자체보다는 전년 동월과 비교해서 증감률이 어느 정도인지가 더 중요합니다. 일반적으로 경기 종합 지수가 100 이상이면 경기 팽창, 100 미만이면 경기 하강으로 보는데요. 경기 선행 지수가 100 미만이더라도 지난달에 비해 상승했다면 경기가 회복되는 것으로 이해할 수 있어요. 이와 달리 지난달보다 하락했으면 경기가 나빠질 것으로 전망할 수 있답니다.

경기 동행 지수는 현재 경기 동향을 나타냅니다. 광공업 생산 지수, 서비스업 생산 지수(도소매업 제외), 건설기성액(불변), 소매 판매액 지수, 내수 출하 지수, 수입액(실질), 비농림어업 취업자 수 등의 지표를 합성해 산출해요. 이 지표들은 모두가 국민 경제 전체의 경기 변동과 거의 동일한 방향으로 움직입니다.

경기 후행 지수는 과거의 경제 상황을 보여 줍니다. 현재의 경기를 나중에 확인하기 위해 사용하지요. 이직자 수, 상용 근로자 수, 도시 가계 소비 지출, 소비재 수입액, 생산자 제품 재고 지수, 회사채 유통 수익률 등의 지표를 합성해서 산출해요. 경기가 하강하는 국면에서도 소비는 계속하기 때문에 경기 후행 지수에 편입됩니다.

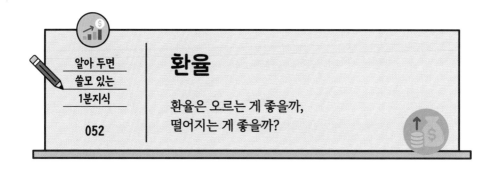

환율

환율은 오르는 게 좋을까,
떨어지는 게 좋을까?

원, 달러, 유로, 위안, 엔, 파운드 같은 국가별 화폐의 단위는 다들 들어 본 적이 있을 텐데요. 전 세계 여러 나라들은 각자 고유한 화폐를 사용하고 있어요. 이러한 각 나라의 화폐 가치를 비교해 주는 것이 바로 환율이에요. 즉 환율이란 두 나라 돈의 교환 비율입니다. 예를 들어 원 달러 환율이라고 하면 1달러를 우리 돈 얼마와 바꿀 수 있는지를 보여 줍니다.

각국의 화폐 가치는 수시로 변하다 보니 두 나라 돈의 교환 비율인 환율 역시 수시로 바뀝니다. 일반적으로 환율은 외환 시장의 외환 수급 사정, 국제 금융 시장 동향 등 시장 상황과 경제 상황에 따라 결정됩니다.

우리나라의 경제는 수출 성과가 좌우하지요. 그래서 우리나라에서 환율 변동은 매우 중요한 금융 지표랍니다. 원 달러 환율이 1,000원에서 1,800원이 된 상황을 예로 들어 봅시다. 이는 1달러를 원화로 1,000원이면 바꿀 수 있었는데, 이제는 1,800원이 필요하다는 이야기예요. 달리 말하면 원화의 가치가 그만큼 낮아졌다는 뜻이지요.

이런 상황을 원화 약세(환율 상승)라고도 하고, 이때는 수출 기업에 유리합니다. 한 수출 기업이 10만 달러어치의 상품을 수출한 경우를 가정해 보죠. 전에는 수출로 얻은 매출액이 원화 기준으로 1억 원이었지만, 환율이 오른 뒤에는 1억 8,000만 원이나 되기 때문이에요.

이제 원 달러 환율이 1,800원에서 1,000원이 되었다고 생각해 봅시다. 그러면 예

두 나라 화폐 간의 교환 비율을 환율이라 한다

전 환율일 때 수출했다면 1억 8,000만 원이었을 매출액이 1억 원으로 뚝 떨어지는 거예요. 하지만 거꾸로 수입 업체 입장에서는 이런 경우가 유리해요. 10만 달러어치를 수입할 때 전에는 1억 8,000만 원을 주고 물건을 수입해야 했는데, 이제는 같은 양을 1억 원에 수입할 수 있거든요.

환율은 수출과 수입, 즉 무역에 미치는 영향도 크지만 국가 간 자본의 이동에도 영향을 미칩니다. 만약 A 국가의 금리가 다른 나라의 금리보다 높아지면 A 국가의 금융 자산 수익률이 높아집니다. 그러면 투자 매력도가 높아진 A 국가로 해외의 자본이 유입되지요. 실제로 미국이 금리를 인상하면 우리나라 외환 시장에서 원 달러 환율이 상승하는 경향이 있어요. 미국 금리가 올라가면 투자자들은 우리나라 시장에서 원화로 투자하던 자본을 달러로 바꿔서 미국으로 가져가요. 그러면 우리나라 외환 시장에서 달러 공급이 감소하기 때문에 원 달러 환율이 올라갑니다.

환율이 상승하면 수출이 잘되기 때문에 경제 성장이나 경기 회복에 도움이 돼요. 그래서 불경기를 극복하기 위해 각 나라들은 자국의 화폐 가치를 떨어뜨리는 환율 정책을 쓰기도 하지요. 이러한 정책을 시행하면 수입 상품 가격은 오르기 때문에 국내 물가가 상승해 인플레이션이 발생할 수도 있으므로 조심해야 합니다.

실업률과 고용률

실업률이 낮다는데
왜 취직하기는 힘들까?

경제 통계에서 경제 활동으로 의미 있는 인구는 15세 이상입니다. 그래서 15세 이상 인구는 경제 활동 인구와 비경제 활동 인구로 나눕니다. 이 중에서 수입이 있는 일을 하거나 일자리를 찾으려고 구직 활동을 하는 사람을 경제 활동 인구라고 하죠. 그래서 경제 활동 인구는 취업자와 실업자로 나눕니다. 그 밖의 사람들을 비경제 활동 인구라고 하고요.

경제 활동 인구와 관련한 중요한 지표로는 실업률과 고용률을 들 수 있어요. 실업률이란 경제 활동 인구 중에서 실업자가 차지하는 비율을 말하지요. 실업자는 본인도 힘들지만 국가 전체로 볼 때 역시 경제적으로 큰 손실입니다. 그래서 실업률은 국가 정책적으로 매우 중요한 고용 지표랍니다.

흔히 취업 준비생이든 구직을 단념한 사람이든 전부 똑같이 실업자라고 생각합니다. 하지만 경제 통계 측면에서 이들은 전혀 달라요. 아예 취업 의지가 없는 사람은 경제 활동 인구로 보지 않아서 비경제 활동 인구로 분류하기 때문입니다.

이처럼 실업률은 구직 단념자 규모의 영향을 받다 보니 실업률만 봐서는 고용 동향을 제대로 파악하기 어려운데요. 그래서 고용 동향을 제대로 확인하기 위해 반드시 함께 봐야 하는 지표가 바로 고용률입니다. 고용률은 15세 이상 인구 가운데 취업자의 비율을 말합니다.

예를 들어 취업난이 오래 지속될 경우, 일자리 찾기를 아예 포기하고 집안일을 돕

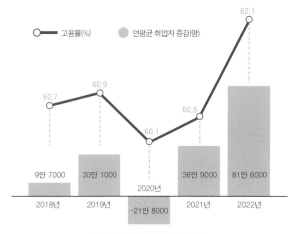

연간 고용률 추이(자료 출처: 통계청)

거나 좌절한 채 그냥 시간만 보내는 사람들이 늘어납니다. 이런 사람들은 실업자에서 제외해 비경제 활동 인구로 분류하는데요. 그러면 실업률은 오히려 낮아지겠지요. 따라서 실업자와 비경제 활동 인구 간의 이동으로 인한 실업률 증감 현상이 나타날 수 있어요. 하지만 실업률이 하락했어도 고용률이 크게 변동하지 않았다면, 실업률이 낮아졌다고 해서 고용 시장이 호전됐다고 잘못 해석하지 않을 수 있겠지요.

이 밖에도 고용 시장의 상황을 파악할 수 있는 지표 중 하나로 경제 활동 참가율이 있습니다. 경제 활동 참가율은 15세 이상 인구 중에서 취업자와 실업자를 합한 경제 활동 인구의 비율이에요. 총인구나 15세 이상 인구의 규모가 같다고 해도, 경제 활동 참가율이 다르면 고용 시장에 공급되는 전체 노동력에 영향이 있어요.

경제 활동 참가율은 산업 구조, 여성의 취업에 관한 사회의 인식, 청소년 진학률, 여성 결혼 연령과 출산 자녀의 수, 가사 노동에 대한 부담의 정도, 육아 및 유아 교육 시설 보급 정도 등에 따라서도 달라집니다. 경제 활동 참가율의 수치가 클수록 일하고 싶어 하는 사람이 많다는 뜻인데요. 이는 그 나라의 고용 시장이 건전하다는 의미랍니다.

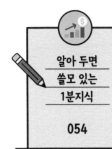

물가 지수

실생활에서 가장 자주 접하는 경제 지표는?

우리가 실생활에서 가장 자주 접하는 경제 지표는 아마 물가일 거예요. 특히 소비자 물가는 가계의 소비 품목을 대상으로 산출하는 수치이기 때문에 물가가 오르내리는 상황을 국민 모두가 피부로 느끼는 경제 지표이기도 하죠.

일반적으로 각 상품과 서비스의 가치를 화폐 단위로 나타낸 것이 가격입니다. 물가는 시장에서 거래되는 모든 상품이나 서비스의 가격을 중요도에 따라 평균한 종합적인 가격 수준을 뜻합니다. 물가 지수는 이런 물가의 움직임을 보여 주는 지표입니다. 지수 기준 연도(현재 국내 소비자 물가 지수 기준 연도는 2020년, 5년마다 변경, 생산자 물가 지수 기준 연도는 2015년)를 100으로 놓고, 비교 시점의 물가 수준이 지수 기준 연도보다 얼마나 높고 낮은지를 나타내지요. 예를 들어 어느 시점의 물가 지수가 120이라는 것은 같은 물건을 살 때 기준 시점보다 20퍼센트 비싼 가격에 사야 한다는 뜻입니다.

물가 지수는 소비자 측면에서도 조사하고 생산자 측면에서도 조사합니다. 하나씩 살펴볼까요?

소비자 물가 지수는 소비자가 구입하는 상품과 서비스의 가격 변동을 측정하는 지표이고 통계청에서 매달 발표해요. 이 지수는 경기 변동을 판단하는 기초 자료로 활용되거나, 화폐의 구매력 변동을 측정하는 데 이용하기도 합니다. 이 밖에도 매년 정부에서 재정·금융 정책을 세우거나 기업의 노사가 임금을 협상할 때도 기초 자료로 이용한답니다. 소비자 물가 지수의 세부 지수에는 농산물 및 석유류 제외 지수,

식료품 및 에너지 제외 지수, 생활 물
가 지수(장바구니 물가), 신선 식품 지수
등이 있어요.

소비자 물가 지수가 소비자의 구
매력을 파악하려는 지수인 반면에,
생산자 물가 지수는 기업의 비용 증
가, 즉 생산 원가와 관련이 있는 물
가 지수입니다. 국내 생산자가 국내
(내수) 시장에 공급하는 상품과 서비스

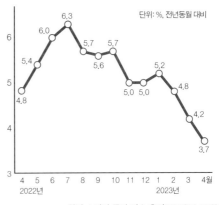

월별 소비자 물가 지수 추이(자료 출처: 통계청)

가격의 변동을 종합한 지수이며, 한국은행에서 매달 작성해서 공표하고 있어요. 이
지수는 상품과 서비스의 수급 동향 파악, 경기 동향 판단 지표, GDP디플레이터GDP
deflator(국민 소득에 영향을 주는 모든 물가 인을 포괄하는 종합 물가 지수. 명목 GDP ÷ 실질 GDP × 100)
등을 계산할 때도 이용돼요.

생산자 물가 지수를 작성할 때는 기초 가격을 쓰는 게 원칙인데요. 기초 가격이
란 생산자가 실질적으로 받는 가격입니다. 판매 과정에서 발생하는 주세, 담배 소비
세, 부가 가치세 등 각종 세금을 제외하고 오직 생산 과정에서 받은 생산물 보조금을
합산한 가격입니다.

생산자 물가 지수와 함께 참고할 만한 지수로 국내 공급 물가 지수와 총산출 물가
지수도 있어요. 국내 공급 물가 지수는 생산자 물가 지수에 포함되는 품목에 수입품
까지 더해서 국내 시장에 공급되는 상품과 서비스의 종합적인 가격 수준을 보여 줍
니다. 이 지수는 가공 단계별 지수, 즉 원재료 지수, 중간재 지수, 최종재(자본재, 소비재)
지수로 구분되기 때문에 단계별로 물가가 영향을 미치는 과정을 파악하기 좋아요.

총산출 물가 지수는 생산자 물가 지수에 포함되는 품목에 수출품까지 더해서 국
내 기업이 산출한 상품과 서비스의 종합적인 가격 수준을 보여 주는 지수입니다.

소비자 동향 지수와 기업 경기 실사 지수

앞으로 경기가 좋을지 나쁠지는
무엇을 보고 판단할까?

기업이 아무리 제품을 잘 만들고 서비스를 잘 준비해도 소비자가 물건을 사지 않거나 서비스를 이용하지 않으면 소용이 없을 거예요. 그래서 경제 상황을 전망할 때는 소비자가 현재의 경제 상황을 어떻게 인식하는지 파악하는 게 매우 중요합니다. 이처럼 가계가 현재의 경기를 어떻게 느끼는지를 살펴볼 수 있도록 만든 지수가 바로 소비자 동향 지수consumer survey Index, CSI입니다.

CSI는 한국은행이 매달 조사해서 발표합니다. 경제 상황에 대한 소비자의 인식과 향후 소비 지출 전망 등을 설문 조사해서 만들어요. 전국 도시의 약 2,200가구를 대상으로 산출하지요. 지수가 100보다 크면 경기가 지금보다 더 좋아질 것이라고 보는 사람이 더 많다는 뜻이에요.

이런 CSI는 크게 경제 인식, 경제 전망, 소비자 지출 전망, 가계 저축 및 부채, 물가 전망 등 다섯 가지 부문으로 나뉘는데요. 개별 지수는 현재 생활 형편, 현재 경기 판단(이상 경제 인식), 생활 형편 전망, 향후 경기 전망, 취업 기회 전망, 금리 수준 전망(이상 경제 전망), 가계 수입 전망, 소비 지출 전망(이상 소비 지출 전망), 현재 가계 저축, 가계 저축 전망, 현재 가계 부채, 가계 부채 전망(이상 가계 저축 및 부채), 물가 수준 전망, 주택 가격 전망, 임금 수준 전망, 물가 인식, 기대 인플레이션(이상 물가 전망) 등 17개 지수로 세분화되어 있어요.

기업들도 마찬가지로 경기 동향에 예민합니다. 그래서 기업인들이 경기 동향을

경제 상황을 전망할 때는 소비자들의 경제 상황 인식을 파악하는 게 매우 중요하다

어떻게 판단하고 예상하는지에 대한 변화 추이를 조사해서 만든 지표가 있어요. 이를 기업 경기 실사 지수business survey index, BSI라고 해요.

BSI는 주요 업종의 경기 동향과 전망, 기업 경영의 문제점을 살펴보고, 기업의 경영 계획과 경기 대응책 수립에 필요한 기초 자료로 이용하는 지표인데요. 다른 지표들과 달리 BSI는 기업인의 주관적인 느낌과 심리적인 요소까지 들여다볼 수 있어요. 그래서 정부에서 경제 정책을 세울 때 중요한 자료로 사용합니다.

BSI도 100 이상이면 앞으로 경기가 좋아질 거라고 예상하는 기업인이 더 많다는 뜻입니다. 그래서 BSI는 100 이상이면 경기가 좋고 100 미만이면 경기가 좋지 않은 상태라고 짐작하면 됩니다. 이러한 BSI는 미국, 일본 등 다른 많은 국가도 조사해서 발표하는데요. 국내에서는 매분기 또는 매달 주기적으로 한국은행, 한국 산업 은행, 대한 상공 회의소, 한국 경제인 협회(전 전국 경제인 연합회) 등에서 각각 조사해서 발표해요.

이런 경기 동향 지표는 투자를 하거나 사업을 하는 사람들이 의사 결정할 때 중요한 참고 자료가 됩니다. 여러분도 CSI와 BSI에 대한 기사가 나오면 그 수치를 보고 앞으로 경기가 좋아질지 나빠질지 예측해 보세요.

주가 지수

주가 지수를 보면
국가의 경제 상태를 알 수 있다고?

뉴스를 보면 우리나라의 대표적인 주식 시장인 코스피 시장과 코스닥 시장에서 지수가 올랐다거나 내렸다는 소식이 자주 나오지요. 그런데 개별 기업 주가가 아닌 전체 주식 시장에서 지수가 올랐다 또는 내렸다는 것은 어떻게 알 수 있을까요? 바로 각 시장 주가 지수의 등락률을 보면 알 수 있답니다.

주가 지수는 주식 시장에서 거래되는 여러 주식의 가격을 일정한 방법으로 계산한 값이에요. 그래서 주가 지수가 올랐다는 것은 그 지수를 구성하는 주식의 시세가 올랐다, 또 주가 지수가 내렸다는 것은 해당 지수를 구성하는 주식의 시세가 하락했다는 뜻입니다.

주가는 주식 시장에서 거래되는 기업의 주식 가격인데요. 주가 지수는 그 나라의 경제를 주도하는 기업들이 돈을 잘 버는지 못 버는지를 반영합니다. 따라서 주가 지수는 곧 국가의 경제 상태를 여실히 드러내는 중요한 잣대입니다. 실제로 통계청에서는 경기 전반의 흐름을 나타내는 경기 종합 지수를 산출할 때, 경기 선행 지수의 여러 구성 요소 중 하나로 코스피 지수도 활용해요. 일반적으로 주가 지수는 실제 경기보다 약 4~6개월 정도 먼저 움직이는 특성이 있기 때문이에요. 또한 투자자들이 투자 여부를 판단할 때도 주가 지수를 활용하지요.

그러면 코스피 지수와 코스닥 지수는 어떻게 산출할까요? 먼저 과거의 어느 시점을 기준으로 해서 그 당시 해당 증권 시장 종목 전체의 시가 총액을 코스피 지수는

국내 금융 거래를 주관하는 한국 거래소

100, 코스닥 지수는 1,000으로 정합니다. 그리고 나서 기준 시점의 시가 총액과 비교 시점의 시가 총액을 대비해서 산출합니다. 코스피 지수는 1980년 1월 4일, 코스닥 지수는 1996년 7월 1일이 각각 기준 시점이지요. 예를 들어 2023년 4월 7일에 코스피 지수는 2,490.41로 마감했는데요. 이는 1980년 1월 4일에 100이었던 지수가 약 40년 동안 2,490.41까지 상승했다는 뜻입니다. 즉 코스피 시장에 상장된 기업들의 시가 총액이 이 기간 동안 약 24.9배나 늘어났다는 이야기지요.

코스피 지수, 코스닥 지수 외에도 꽤 다양한 주가 지수가 있어요. 한국 거래소 Korea Exchange, KRX에서 거래되는 주가 지수에는 코스피 200(대표적인 주식 200개 종목으로 산출하는 시가 총액식 주가 지수), 한국 배당 주가 지수Korea Dividened Stock Price Index, KODI(배당을 많이 주는 우량 기업 선별), 기업 지배 구조 주가 지수Korea Coporated Governance Stock Price Index, KOGI(지배 구조가 우수한 기업 선별), KRX 금현물 지수 등 무려 378개나 된다고 해요 (2020년 4월 말 기준).

외국에도 유명한 주가 지수들이 있어요. 미국의 DJIA, S&P 500 지수, 나스닥 National Association of Securities Dealers Automated Quotation, NASDAQ 지수, 일본의 니케이 주가 지수 선물 225Nikkei 225 Stock Index Futures 지수, 중국의 상하이종합지수上海证券交易所综合股价指数, 홍콩H 지수Hong Seng China Enterprise Index, HSCEI 등이 있습니다.

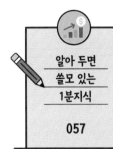

변동성 지수

주식 시장에 위험 경보를 울리는
지수가 있다?

주식 시장에서 주가는 항상 오르락내리락하면서 어디로 튈지 예상하기 어렵습니다. 이런 위험을 무릅쓰고 주식에 투자하는 사람들은 투자하기 좋은 시점이 언제일지, 또 이미 보유한 주식을 언제쯤 팔면 좋을지 알고 싶어 하지요. 개별 종목마다 이런 시기를 알려 주는 알림이 서비스가 있으면 참 좋을 텐데, 그게 그리 쉬운 일이 아닌가 봐요.

그런데 시장 전체가 위험한지 아닌지 경고해 주는 지수는 있습니다. 바로 변동성 지수Volatility Index, VIX라는 것인데요. 1993년에 미국 듀크 대학교의 로버트 E. 웨일리 Robert E. Whaley 교수가 만들었어요. 옵션 시장 투자자들이 예상하는 미래 주가의 변동 가능성을 지수로 나타낸 거예요. 옵션은 투자자가 특정 기초 자산(주식, 채권, 원자재 등)을 미래의 특정 시점에 미리 정해 놓은 가격으로 사거나 팔 수 있는 권리인데요. 옵션 투자자들은 항상 미래의 시장 상황이 어떻게 될지를 정확하게 예측하는 게 매우 중요하지요. 웨일리 교수는 여기에서 힌트를 얻었다고 해요.

VIX는 시카고 선물 옵션 거래소Chicago Board of Option Exchange, CBOE에서 거래되는 S&P 500 지수가 다음 30일 동안 어떻게 움직일지에 대한 예상치를 나타내는 지수입니다. S&P 500 지수가 앞으로 오를지 내릴지 투자자들이 예상한 결과를 보여 주죠. 시장 상황 정보, 수급(수요, 공급) 규모와 함께 투자자들의 투자 심리까지 고려해 수치로 나타냅니다. 예를 들어 VIX가 30이면 앞으로 한 달 동안 주가가 지금보다 30퍼

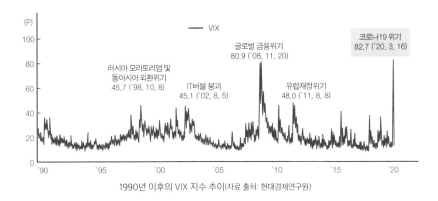

(P)
100
80
60
40
20
0

글로벌 금융위기
80.9 ('08. 11. 20)

코로나19 위기
82.7 ('20. 3. 16)

러시아 모라토리엄 및
동아시아 외환위기
45.7 ('98. 10. 8)

IT버블 붕괴
45.1 ('02. 8. 5)

유럽재정위기
48.0 ('11. 8. 8)

'90   '95   '00   '05   '10   '15   '20

1990년 이후의 VIX 지수 추이(자료 출처: 현대경제연구원)

센트 오르거나 내릴 것으로 예상하는 투자자들이 많다는 뜻이랍니다.

VIX는 주식 시장과 반대로 움직여요. 이 지수가 높아질수록 주식 시장이 크게 출렁일 거라는 전망이 많다는 뜻인데요. 이는 곧 투자자들의 불안감이 크다는 의미입니다. 그래서 VIX는 흔히 공포 지수fear index라고도 해요. 투자에 대한 불안 심리가 높아지면 투자자들은 불안함을 참지 못하고 주식 시장에서 주식을 팔고 떠나고 싶어지거든요. 이런 투자자들이 많아지면 결국 주가가 떨어지게 마련이고요. VIX가 정점에 이르면 공포심 때문에 주식을 팔아치울 만한 사람들이 보유한 주식을 거의 다 팔았다고 볼 수 있어요. 더 이상 쏟아져 나올 매물이 없으면 주가는 이제 더 이상 떨어지지 않겠지요. 이쯤 되면 주식 시장에서 주가가 바닥을 치고 다시 오를 때가 머지않았다는 뜻으로 이해할 수도 있어요.

VIX가 20~30 정도면 평균 수치이고 50에 가까워지면 고점에 이른 것으로 봐요. 하지만 시장이 극도로 불안할 때는 더 크게 움직입니다. 세계 금융 위기가 최고조에 달했던 2008년 10월 24일에는 장 중 한때 89.53까지 치솟은 적도 있대요.

VIX와 비슷한 우리나라 지수도 있어요. 한국형 변동성 지수Volatility Index of KOSPI 200, VKOSPI라는 것인데, KRX가 산출해요. 코스피 200 지수 옵션을 이용해서 구한다고 합니다.

국제 결제 은행 자기 자본 비율

내가 거래하는 은행이 안전한지
어떻게 알 수 있을까?

경제 생활을 하려면 은행에 계좌를 만들고 돈을 거래해야 하죠. 그렇다면 우리가 거래하는 은행은 과연 파산 위험 없이 안전한 걸까요? 1997년 경제 위기를 겪으면서 수많은 은행이 문 닫는 것을 보았으니 자신이 거래하는 은행이 안전한지 여부는 많은 사람의 공통 관심사가 되었어요. 이런 궁금증을 어느 정도 해소할 수 있는 금융 지표가 바로 국제 결제 은행 자기 자본 비율BIS capital adquacy ratio입니다.

국제 결제 은행, 즉 BIS는 1930년 1월 헤이그 협정에 따라 설립한 각국 중앙은행의 협력 기구입니다. 현존하는 국제 금융 기구 중 가장 오래된 기구이기도 해요.

BIS 자기 자본 비율은 이 BIS가 제시한 전 세계 은행의 위험 자산 대비 자기 자본 비율입니다. 은행의 재무 건전성을 높이기 위해 자기 자본 규모를 위험 자산의 일정 범위 내에서 유지하게 했어요. 1992년 후반부터는 BIS 자기 자본 비율을 8퍼센트 이상으로 유지하라고 권고했어요. 이 수치는 은행 경영의 건전성을 파악하는 기준 지표로 여겨졌지요.

각국의 금융 감독 당국에서는 BIS 자기 자본 비율이 8퍼센트 미만인 은행에, 이 비율을 높이기 위한 계획서를 제출하게 하고 경영을 제대로 못한 임원진을 교체하는 등 여러 조치를 취하게 합니다. 그냥 숫자인 줄 알았더니 꽤 힘이 센 비율이지요? 은행이 BIS 자기 자본 비율을 높이기 위해서는 증자(자본 증가, 자본금을 늘리는 것)를 해서 자기 자본을 확충하거나 위험도가 높은 대출(자산)을 줄여야 해요.

국내 저축 은행의 BIS 자기 자본 비율과 신용 등급(자료 출처: 나이스 신용 평가 자료, 2023년 1월)

BIS 자기 자본 비율을 적용하는 대상은 원칙적으로 바젤 은행 감독 위원회Basel Committee on Banking Supervision, BCBS 회원 국가인 G10(선진 10개국)과 스웨덴, 스위스, 룩셈부르크 등 13개 나라의 중앙은행 대표로 구성되어 있습니다. 하지만 바젤 은행 감독 위원회 회원국이 아니라도 BIS 자기 자본 비율이 8퍼센트 미만이면 외화를 빌리기 어려워요. 빌리더라도 비싼 이자를 부담해야 하죠. 현실적으로 비회원국 은행이라도 이 비율은 지켜야 살아남을 수 있습니다.

BIS 자기 자본 비율은 은행의 자기 자본을 위험 가중 자산(빌려준 돈을 위험 정도에 따라 가중치를 주어 평가한 자산)으로 나눠 산출(BIS 자기 자본 비율 = 자기 자본 ÷ 위험 가중 자산 × 10)해요. 자기 자본이 많고 위험 가중 자산이 적어야 이 비율이 높게 나올 수 있겠죠. 따라서 BIS 자기 자본 비율이 높은 은행은 부실 자산이 적고 자기 자본이 넉넉하다는 뜻이라서 경영 구조가 건전하다고 판단할 수 있지요. 그런데 2008년에 미국의 대형 투자 은행 리먼 브라더스가 파산하면서 세계적인 금융 위기가 발생하자 BIS 자기 자본 비율의 기준은 한층 더 엄격해졌어요. 지금은 보통주 자본을 위험 자산의 7퍼센트 이상으로 유지하도록 권고해요.

이러한 BIS 자기 자본 비율은 은행 외에도 종합 금융 회사, 저축 은행 등 다른 금융 기관들의 재정 건전성을 판단할 때도 활용할 수 있어요.

일상 속 경기 지표

복잡한 지수 없이도
경기 상황을 알 수 있는 방법이 있다?

경제 지표, 금융 지표라고 하면 왠지 어렵게 느껴집니다. 하지만 이런 지표들이 어떤 것인지를 이해하고 있으면 일상생활에서도 경기가 호황이다 불황이다, 주식 시장이 좋다 나쁘다 같은 힌트를 얻을 수 있어요.

증권업계에서는 특히 다양한 속설이 많아요. 요즘은 증권 회사의 오프라인 지점을 방문할 일이 적은데요. 대부분 스마트 기기나 PC 등을 이용한 온라인 주식 거래가 일반화되었기 때문입니다. 이 덕분에 주식 관련 오픈 채팅방 인원이 늘면 상승장, 줄어들면 하락장으로 증시 분위기를 가늠할 수도 있어요. 하지만 예전에는 증권 회사 지점을 찾는 고객 중에 아기를 업은 주부나 어르신이 많아지면 주식 시장이 거의 고점이라고 보았대요. 전 미국 대통령 존 F. 케네디John F. Kennedy의 아버지였던 조지프 P. 케네디Joseph Patrick Kennedy와 구두닦이 소년 이야기도 유명합니다. 어느 날 케네디가 구두를 닦으러 갔다가 구두닦이 소년이 주식 이야기를 물어보자 곧바로 보유한 주식을 팔았다고 하지요. 두 이야기는 모두 주식을 잘 모르던 사람들이 주식에 흥미를 보일 정도면 주가가 오를 만큼 올랐으니 이제 떨어질 일만 남았다는 의미로 해석할 수 있지요.

또 보험 계약 해지 건수가 늘어나면 경기가 나쁘다는 것으로 풀이해요. 보험은 비상시를 대비하는 금융 상품인데, 대체로 먼 미래에나 혜택을 받을 수 있지요. 하지만 당장 돈이 필요한데 달리 돈을 구할 방법이 없으면 결국 보험을 해지하는 속성을 반영하고 있다고 볼 수 있어요.

　신사복 판매량도 경기를 읽는 거
울 역할을 합니다. 가장들은 가계 형
편이 어려워지면 본인의 옷 구매부터
줄입니다. 나중에 상황이 호전되어도
신사복은 가장 나중에 구입하는 경향
이 있기 때문이라고 하지요.

산업재에 많이 쓰이는 구리값도 경기를 민감하게 반영한다

　주류 판매에서도 경기 동향의 힌
트를 얻을 수 있어요. 경기가 좋아지면 업소용 주류가 많이 팔리고, 경기가 나빠지면
업소용 주류 판매량이 줄어들면서 가정용 주류 판매량이 증가한다고 해요. 아무래도
술집에서 마시는 것보다 집에서 마시는 게 술값이 덜 들기 때문이지요. 경기 상황은
판매되는 주류 종류에도 영향을 준다고 합니다. 경기가 좋지 않으면 상대적으로 저
렴한 소주가 많이 팔리고, 경기가 호황일 때는 맥주가 잘 팔린다고 해요.

　이 밖에도 불황일 때는 서울 명동에 외국인 관광객이 줄어들었다가 경기가 회복
되면 다시 외국인 관광객이 늘어나는 모습이 관찰되기도 해요. 유기견이 늘어나면
불황기로 파악하기도 하고요.

　이와 같은 일상 속 경기 지표는 과학적으로 엄밀하게 측정된 것이 아니라 생활 속
에서 체감하는 경기입니다. 어느 정도 타당하다고 인정받는 지표들은 실제 경기 동
향을 파악하기 위한 요소로 활용되고 있답니다. 광공업 생산 지수, 생산자 출하 지
수, 건축 허가 및 착공 면적, 기계류 수입액 등이 대표적인 경기 지표들입니다. 한국
은행, 통계청 등 경기 지표를 집계하는 기관에서는 실제로 이런 지표들을 바탕으로
경기 동향을 파악하고 일정 주기마다 경기를 보여 주는 지수를 발표하고 있어요.

요즘 10대들은 이렇게 금융을 배워요
_10대 전용 금융 앱부터 금융권 교육 프로그램까지

아직 초등학교부터 고등학교까지 정규 교육 과정에서는 제대로 된 금융 교육이 이루어지지 않고 있어요. 고등학교의 경우 금융 과목이 있긴 하지만 선택 과목이라는 한계가 있고요. 그러다 보니 학생들이 받는 금융 교육은 대체로 선생님이나 부모님을 통해서 학교 밖의 금융 교육과 연계해 진행되는 경우가 많습니다. 그중에서도 금융 전문성이 높은 금융권의 청소년 금융 교육 현황에 대해서 알아보겠습니다.

최근 1~2년 사이에 금융 회사들이 청소년들과의 접점에 유독 신경을 많이 쓰고 있어요. 그래서인지 10대를 겨냥한 금융 앱이 늘어나는 추세입니다. 10대의 눈높이에 맞는 전용 금융 앱을 통해 생활 속에서 금융 경험과 지식을 쌓을 수 있는 서비스지요.

대체로 용돈 쓰기 편리하도록 체크 카드를 신청하거나, 휴대폰 앱으로 현금을 찾을 수 있는 기능, 돈 모으는 계획과 적금 진행 상황을 친구들과 SNS로 공유하는 기능, 쉬운 기부 지원 기능, 온오프라인 간편결제 기능, 교통 카드 기능, 더치페이 기능 등을 제공하는 경우가 많아요. 이런 서비스로는 토스뱅크의 토스유스카드, 카카오뱅크의 카카오mini, KB국민은행의 리브NEXT, 우리은행의 우리 틴틴 등이 있습니다.

금융 교육프로그램으로는 금융 감독원이 운영하는 e-금융 교육센터가 있습니다. 초등학생, 중학생, 고등학생, 대학생, 성인 등 단계별로 맞춤형 콘텐츠를 제공합니다. 온라인 동영상 교육 과정의 경우 학습을 마친 후 시험을 보는데 60점이 넘으면 수료증을 받을 수 있어요. 또한 초중고는 학교로 직접 전문가가 방문해서 진행하는 교육도 신청할 수 있지요.

금융 감독원의 1사 1교 금융 교육 홍보 이미지

이 플랫폼에서는 학교 한 곳과 전국의 금융 회사 본점 또는 지점 한 곳이 지속적으로 금융 교육을 진행할 수 있는 결연 프로그램인 '1사 1교 금융 교육'도 지원해주고 있어요. '1사 1교 금융 교육'은 금융 감독원이 마련한 금융 교육 표준 교재와 강의안 등으로 진행할 수도 있고, 금융 회사가 자체 제작한 교재와 강의안을 이용할 수도 있어요. 하지만 교육방법 및 주제는 학교와 금융 회사가 서로 협의해서 다양한 방식과 주제로 진행할 수도 있다고 합니다.

신한은행, 국민은행, 우리은행, 하나은행, NH농협은행 등 주요 시중 은행은 모두 청소년 금융 교육 프로그램을 운영하고 있습니다. 금융 감독원의 1사 1교 금융 교육을 함께 진행하기 때문이지요. 아예 별도의 공간에 교육 센터를 운영하는 곳도 있고요(NH농협은행, 신한은행 등). 그 밖에 핀테크fintech 기업인 두나무도 청소년 금융 교육 프로그램을 운영해요.

6장

금융 기관

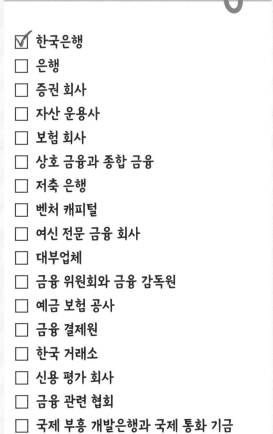

- ☑ 한국은행
- ☐ 은행
- ☐ 증권 회사
- ☐ 자산 운용사
- ☐ 보험 회사
- ☐ 상호 금융과 종합 금융
- ☐ 저축 은행
- ☐ 벤처 캐피털
- ☐ 여신 전문 금융 회사
- ☐ 대부업체
- ☐ 금융 위원회와 금융 감독원
- ☐ 예금 보험 공사
- ☐ 금융 결제원
- ☐ 한국 거래소
- ☐ 신용 평가 회사
- ☐ 금융 관련 협회
- ☐ 국제 부흥 개발은행과 국제 통화 기금

한국은행

은행과 정부는 어디서 돈을 빌릴까?

여러분 지갑에 지폐나 동전이 있다면 한번 꺼내 보세요. '한국은행'이라는 글자가 보이나요? 우리가 매일 사용하는 화폐는 이처럼 모두 한국은행이 발행합니다. 한국은행은 원화 화폐를 발행하는 권한을 우리나라 정부로부터 위임받은 유일한 기관입니다. 한국은행처럼 한 국가의 화폐를 발행하는 은행을 '중앙은행'이라고 합니다. 한국은행 외에도 각국의 중앙은행으로는 미국의 중앙은행 제도인 연방 준비 제도, 유럽 연합의 유럽 중앙은행European Central Bank, ECB, 일본의 일본 은행Bank of Japan, BOJ 등이 있어요.

중앙은행은 화폐 발행 외에도 여러 가지 업무를 수행합니다. 먼저 한 나라의 통화 정책과 금융 정책을 세워요. 통화는 시중에 유통되는 돈을 말하는데, 통화 정책은 돈이 시장에 얼마나 돌게 할 것인지를 정하는 일이에요. 시장에 돈이 얼마나 풀려 있느냐에 따라 물가, 경제 성장률, 고용 안정성 등이 영향을 받거든요. 그렇다면 돈의 양은 어떻게 조절할까요? 기준 금리(이자율)를 올리거나 내리는 방식으로 조절할 수 있어요. 중앙은행이 기준 금리를 조정하면 이에 따라 시중 은행들이 예금 금리와 대출 금리를 조절합니다. 그러면 기업이나 개인은 예금, 대출, 투자, 고용 등을 늘리거나 줄여요. 나라 경제도 그에 따라 영향을 받겠죠? 기준 금리의 영향력은 그만큼 크답니다. 금융 정책은 금융 시스템을 안정적으로 운영하는 정책이에요. 시중에 돈이 잘 돌지 않으면 금리를 내리거나, 긴급 자금이 필요한 금융 회사에 돈을 빌려주는 식으로 운영해요.

중앙은행은 은행들의 은행이기도 해요. 가까운 동네 은행에서는 보통 우리가 맡긴 예금으로 돈이 필요한 이들에게 빌려주는 대출 업무를 하는데요. 시중 은행에 돈이 부족해지면 중앙은행에서 돈을 빌릴 수 있어요. 일반적으로는 시중 은행에 돈이 부족하지 않도록 중앙은행

우리나라의 금융·통화와 관련된 모든 일은 한국은행이 관리한다

이 평소에 관리합니다. 시중 은행들은 은행 금고에 최소한의 자금을 어느 정도씩 꼭 남겨 두어야 한다는 비율을 중앙은행이 정해 주거든요. 이 비율을 '지급 준비율reserve requirement ratio'이라고 해요. 지급 준비율은 은행의 안정적 운영에 영향을 미치기도 하지만 시중에 풀린 돈의 양도 조절해요.

중앙은행은 또 '정부의 은행'이에요. 우리가 은행 계좌에 돈을 넣었다 뺐다 하듯이, 정부도 세금을 거두면 보관해 두었다가 필요할 때 이 자금을 꺼내 써야 합니다. 이처럼 정부의 돈을 맡았다가 내주는 은행이 바로 중앙은행입니다. 정부는 나랏일에 필요한 자금이 부족하면 중앙은행에서 빌려 쓸 수 있어요. 정부는 국공채를 발행해서 들어온 돈을 쓰기도 합니다. 이런 국공채도 중앙은행이 발행하지요.

이 밖에 외환 시장을 안정적으로 운영하고 각종 경제 조사 연구, 통계 분석 업무역시 중앙은행이 담당하고 있습니다.

한국은행의 최고 책임자는 총재라고 합니다. 한국은행 총재는 장관급 대우를 받으며 자질과 능력을 국회에서 검증받는 인사 청문회를 거쳐 임명됩니다. 한국은행이 우리 경제에 미치는 영향력을 생각하면 꼭 필요한 절차겠지요?

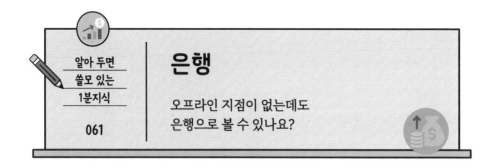

은행

오프라인 지점이 없는데도
은행으로 볼 수 있나요?

금융 기관 중에 가장 친숙한 곳은 아마 은행일 거예요. 동네마다 다양한 은행의 지점들이 있어서 전국 어디에서나 흔히 볼 수 있죠. 물론 요즘에는 PC나 스마트폰으로 은행 업무를 많이 하기 때문에 은행 지점 수가 줄어들고 있기는 하지만요.

은행은 우리가 믿고 돈을 맡겨 두는 대표적인 금융 기관이지요. 은행에서는 우리가 예금이나 적금에 가입하면서 맡긴 돈을 모아서 기업이나 개인에게 빌려주는 일을 주로 합니다. 돈을 맡긴 예금자에게는 예금 이자를 주고, 돈을 빌려 가는 대출자에게는 대출 이자를 받아요. 예금 금리보다 대출 금리가 더 높기 때문에 은행은 그 차이만큼 이익을 올려요. 이를 예대 마진이라고 합니다.

은행에는 중앙은행, 일반 은행, 특수 은행 등이 있어요. 앞에서 살펴본 것처럼 중앙은행은 한 국가의 화폐 발행, 통화 정책 등을 담당하고 일반 은행에 자금을 빌려주기도 하죠. 일반 은행은 우리가 동네에서 흔히 보는 바로 그 은행들입니다. 예금, 적금을 받는 수신(금융 기관이 거래 관계에 있는 다른 금융 기관이나 고객으로부터 받는 신용) 업무, 대출을 하는 여신 업무, 외국 돈과 우리나라 돈을 바꿔 주는 환전 업무를 주로 해요. 이 밖에도 펀드와 보험 가입, 신용 카드 발급, 결제 대행 업무도 해요. 특수 은행은 수출이나 산업 발전 등에 도움이 되어 국가적으로 꼭 필요한 분야지만 이익이 낮아서 일반 은행들이 참가하지 않는 영역의 업무를 담당해요. 한국 산업 은행, 한국 수출입 은행, 중소기업은행, 농협은행, 수협은행이 특수 은행이랍니다. 또한 영업 지역을 기준

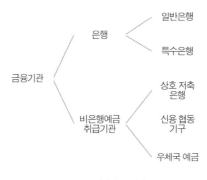

우리나라 금융 기관과 은행의 분류

으로 전국에서 영업할 수 있는 시중 은행도 있고 특정 지역에서만 영업할 수 있는 지방 은행도 있어요.

또 인터넷 은행이 있죠. 인터넷 은행은 인터넷과 모바일 기기로만 금융 서비스를 제공하는 무점포 비대면 은행이에요. 2023년 3월 현재 국내 인터넷 은행은 카카오뱅크, 케이뱅크, 토스뱅크 등 세 곳이 있어요. 오프라인 점포가 없기 때문에 점포를 유지하는 데 필요한 거액의 고정비를 쓰지 않고, 365일 24시간 제한 없이 운영하는 것이 특징입니다.

은행이 아니지만 은행과 비슷한 서비스를 제공하는 곳도 있는데요. 신용 협동조합(신협), 새마을 금고, 농업 협동조합(농협), 수산업 협동조합(수협) 등의 신용 협동 기구는 은행과 비슷한 업무를 하지만 「은행법」에 따라 설립된 은행과는 달라요. 은행은 불특정 다수의 일반 고객을 상대하지만, 신용 협동 기구는 각 기구의 조합원에게 저축 편의와 대출을 제공해서 공동 이익을 추구하는 기관이거든요.

보통 '저축 은행'이라고 부르는 상호 저축 은행도 은행이 아니에요. 예전에는 상호 신용 금고라고 했는데, 2002년부터 상호 저축 은행으로 바뀌었어요. 이 밖에도 우체국 예금, 종합 금융 회사도 돈을 맡길 수는 있지만 은행과는 다른 금융 기관이랍니다.

증권 회사

주식 거래만 도와주는 회사가 아니었다고?

원금을 보장하는 예금과 적금에 가입하고 싶으면 은행에 갑니다. 하지만 2023년 8월 기준으로 예금과 적금의 연간 이자율은 보통 5퍼센트 이하죠. 이 정도 이자율이 너무 낮다고 생각한다면 어떻게 해야 할까요? 이런 경우에는 우리가 찾아가야 하는 금융 기관이 증권 회사입니다. 증권 회사에서 취급하는 주식, 펀드, 채권 등 여러 금융 투자 상품 가운데 괜찮은 것을 찾아낸다면 원금의 수십 퍼센트에서 수백 퍼센트에 이르는 높은 수익률을 올릴 수도 있거든요. 다만 금융 투자 상품을 잘못 고르면 소중한 원금을 고스란히 다 날릴 가능성도 있기 때문에 조심, 또 조심해야 합니다.

공장에서 만든 공산품이나 농부가 농사지은 농산물이 필요할 때마다 공장이나 논밭에 직접 찾아가서 구입할 수는 없습니다. 그래서 백화점, 대형 마트, 편의점, 인터넷 쇼핑몰 등 유통 회사를 이용하죠. 유통 회사에서 우리를 대신해 필요한 상품을 편하게 살 수 있도록 도와주기 때문이에요. 이와 마찬가지로 증권 회사는 금융 투자 분야의 유통업체라고 할 수 있어요. 주식, 펀드, 채권, 파생 상품 등 여러 금융 투자 상품을 취급하지요.

증권 회사에서 맡고 있는 가장 대표적인 업무는 주식 거래 중개입니다. 중개는 사는 사람과 파는 사람을 중간에서 연결해 주는 일인데요. 증권 회사는 주식을 팔기만 하는 게 아니고 주식을 사는 일과 갖고 있던 주식을 다시 다른 사람에게 파는 것을 모두 도와주지요. 주식 거래를 주로 도와주는 회사인데 왜 증권 회사라고 부를까

증권 회사에서는 주식 거래, 증권 발행, 대출 등의 업무를 한다

요? 이 회사에서 취급하는 주식과 채권 등 재산 가치를 나타내는 문서를 아울러서 증권이라고 부르기 때문이에요.

증권 회사는 우리에게 투자 자금을 빌려주기도 해요. 은행처럼 대출을 해 주는 건데요. 하지만 은행에서 빌릴 때보다 이자율이 높아요. 그러니 급하게 돈이 필요한데 은행에서 빌리기 어려울 때만 활용하는 게 좋아요.

증권 회사는 일반적인 기업을 설립한 후 성장하는 과정에서 꼭 필요한 증권 관련 서비스도 제공해요. 처음 기업을 세울 때 사업 자금을 대는 몇 명의 창립 주주들이 이 신생 기업의 주식을 나누어 갖습니다. 이때 주식을 처음 발행하는 업무를 증권 회사가 담당해요. 기업이 성장하다 보면 점점 필요한 사업 자금이 늘어나는데요. 이때 주식이나 채권을 발행해서 추가 자금을 조달해요. 주식을 발행하면 회사는 이자 없이 주주에게 사업 자금을 받을 수 있어요. 채권을 발행하면 회사는 이자를 내면서 사업 자금을 빌릴 수 있어요. 증권 회사는 이렇게 주식이나 채권을 발행하는 과정을 도와줍니다. 기업이 자사 주식을 주식 시장에 상장할 때도 여러 절차를 증권 회사가 도와주지요.

또 기업은 다른 회사에 팔리기도 하고 반대로 다른 기업을 인수하는 경우도 있습니다. 이때에도 역시 증권 회사가 중간에서 관련 업무를 담당해요. 기업을 매매한다는 것은 결국 해당 기업의 주식을 사고판다는 뜻이기 때문입니다. 또 증권 회사는 자체 자본금을 운용해서 이익을 올리기도 합니다.

자산 운용사

내 돈을 알아서 투자해 주는
회사가 있다고?

많은 투자자에게서 자금을 모아 투자하는 금융 상품이 펀드입니다. 이러한 펀드에 대신 투자하는 금융 회사가 바로 자산 운용사예요. 사람들이 관심을 가질 만한 펀드를 만들고, 투자자가 이익을 얻을 수 있도록 유가 증권(사법상 재산권을 표시한 증권, 어음, 수표, 채권, 주권, 선하 증권, 상품권 등)과 자산을 투자 목적에 맞게 전문적으로 운용합니다.

자산 운용사는 펀드로 다양한 자산에 투자해요. 투자 대상으로는 채권, 주식, 파생 상품, 부동산, 원자재 등이 있어요. 이런 펀드를 책임지고 운용하는 전문가를 펀드 매니저라고 합니다. 펀드 매니저는 전 세계 경제 동향과 자본 시장의 움직임을 살펴보면서 적당한 투자 대상을 찾아서 펀드 자금으로 투자해 수익을 올리지요.

그런데 펀드를 운용하는 사람이 나쁜 마음을 품고 투자자의 돈을 개인적으로 써 버리지는 않을까요? 이러한 위험을 예방하기 위해 고객이 맡긴 돈을 자산 운용사나 펀드 매니저가 함부로 쓰지 못하도록 엄격하게 법으로 정해 놓고 있어요. 자산 운용사는 사람들이 펀드에 가입할 때 낸 돈을 별도의 금융 회사에 맡겨서 관리해요. 또한 펀드가 잘 운용되고 있는지 분기마다 보고서를 작성해서 투자자에게 보내 줍니다.

자산 운용사는 펀드를 직접 팔지 않습니다. 그래서 가입하려면 증권 회사나 은행, 보험 회사에서 펀드에 투자할 수 있는 계좌를 만들어야 해요. 자산 운용사는 자산을 운용하는 역할만 합니다. 전에는 금융 회사가 자산 운용과 펀드 판매를 모두 할 수 있었는데, 1999년부터 법이 바뀌어서 자산 운용사와 증권 회사로 분리되었어요.

펀드 정보 원클릭 시스템에서는 자산 운용사와 관련된 모든 정보를 확인할 수 있다

어떤 펀드든 자산 운용사의 실력에 따라 투자 수익률이 달라집니다. 따라서 투자자는 펀드에 가입하기 전에 그 펀드를 어느 자산 운용사가 만들었고 담당 펀드 매니저가 어떤 사람인지, 어디에 어떻게 투자하는지 운용 보고서를 잘 살펴보아야 해요. 운용 보고서는 금융 감독원과 금융 투자 협회가 운영하는 '펀드 정보 원클릭one-click 시스템'에서 누구나 확인할 수 있습니다.

수많은 펀드 가운데 내 돈을 가장 잘 운용할 수 있는 펀드는 어떻게 찾아야 할까요? 펀드의 수익률, 운용 규모, 투자 대상 등 여러 가지 기준으로 성과를 비교할 수 있다면 도움이 될 거예요. 그래서 이런 정보를 펀드닥터Fund Doctor(케이지제로인KG zeroin), 모닝스타코리아Morningstar Korea, 에프앤가이드FnGuide 등 펀드 평가 회사에서 제공해요. 각 회사의 홈페이지에서 다양한 기준으로 수많은 펀드를 비교할 수 있어요.

운용하는 자산 규모가 크고 이익을 많이 내는 자산 운용사만을 선호할 필요는 없어요. 자산 운용사들은 저마다의 투자 철학이 다르고 잘하는 분야도 다르거든요. 투자자는 본인의 생각과 맞는 자산 운용사를 골라서 돈을 맡기는 게 좋습니다.

또 자산 운용사의 개별 펀드를 골라 가입할 수도 있지만, 그냥 우리 돈을 맡기고 알아서 투자해 달라고 할 수도 있어요. 이를 투자 일임이라고 합니다. 투자 일임은 수천만 원 이상의 금액부터 가능한 경우가 많아요.

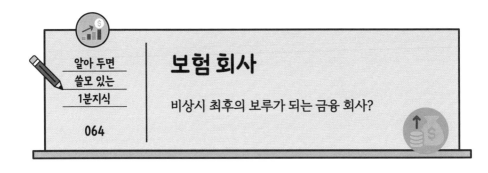

보험 회사

비상시 최후의 보루가 되는 금융 회사?

우리가 갑자기 큰일을 당했을 때 대처할 수 있도록 목돈을 받을 수 있는 금융 상품이 보험이지요. 보험 회사는 이런 보험 상품을 만들고 판매하는 금융 회사입니다.

보험 회사는 일반적으로는 생명 보험 회사와 손해 보험 회사로 나뉩니다. 생명 보험은 사고로 다치거나 질병에 걸렸을 때, 사망했을 때 약정한 보험금을 지불합니다. 손해 보험은 교통사고, 화재, 자연재해 등 사고로 피해를 입었을 때 보상해 주는 보험이에요.

생명 보험과 손해 보험은 완전히 분리된 보험이라서 한 보험 회사에서 두 가지를 함께 취급할 수 없어요. 하지만 질병 보험, 상해 보험, 간병 보험은 생명 보험 회사든 손해 보험 회사든 자유롭게 취급할 수 있어요.

보험 회사 가운데는 보증 보험을 전담하는 곳도 있어요. 보증 보험은 쉽게 말해서 대신 보증을 서는 보험입니다. 보험 계약자가 보증 보험 회사와 어떤 사안에 대한 계약을 맺고 보험료를 내면, 보험 계약자가 피보험자에게 약속을 이행하지 못하거나 피해를 끼쳤을 때 보증 보험 회사가 피보험자에게 보험금을 대신 지급해 주지요. 예를 들면 전세 보증금 반환 보증 보험을 들 수 있어요. 주택 사업자(집주인)와 입주자를 보호하는 것이 주 목적인 보증 보험이지요.

우리나라의 보증 보험은 민간 보험 회사에서 맡지 않고 모두 정부에서 운영합니다. 일반적인 보증 보험을 담당하는 곳은 SGI 서울 보증 보험이에요. 담보 능력이 모

보험은 큰 사고 등에 대비해 일정 금액을 일정 기간 납입하는 금융 상품이다

자란 중소기업이 은행에서 대출받을 때 보증하는 업무는 신용 보증 기금이 맡고 있어요. 기술 혁신형 기업의 보증은 기술 보증 기금이 담당해요.

이 밖에 재보험 회사도 있어요. 일반인은 접하기 어려운 보험 회사인데요. 재보험은 보험 회사가 피보험자와 계약한 보험 내용의 일부나 전부를 다른 보험 회사에 다시 보험을 드는 보험 제도입니다. 즉 재보험 회사는 보험 회사들을 위한 보험 회사인 거죠. 대형 사고나 자연재해처럼 경제적 보상의 규모가 엄청난 사건이 생겼을 때, 보험 회사 한 곳이 감당하기 어려운 경우를 대비해서 위험을 분산하는 보험 제도랍니다. 우리나라의 재보험 회사는 코리안리 한 곳이 있어요.

보험 회사는 주로 보험 상품을 판매하지만 대출을 해주기도 해요. 보험에 가입해서 꾸준히 보험료를 내다가 갑자기 돈이 필요할 때 기존에 가입한 보험을 해약해서 사용할 수도 있는데요. 예를 들어 20년 만기인 보험 상품을 15년이나 납부했는데 5년 남기고 해약하기에는 아까운 경우도 있거든요. 이럴 때 보험 회사는 기존 보험 계약을 해지하면 받을 수 있는 보험금을 계산해서 그 한도 안에서 대출을 해 준답니다. 보험 계약 대출이라고 하지요. 하지만 이 대출의 이자율은 은행보다 높으니 꼭 필요할 때만 이용해야 합니다.

상호 금융과 종합 금융

은행인 듯 은행 아닌 은행 같은 금융 회사?

우리에게 비교적 익숙한 금융 기관은 아마도 은행, 증권 회사, 보험 회사일 거예요. 하지만 자세히 들여다보면 은행과 비슷한데 은행은 아닌 곳들이 있죠. 농협이나 신협, 새마을 금고, 저축 은행, 종합 금융 회사 등이 그렇습니다. 이 기관들은 은행과 어떻게 다를까요?

이를 이해하려면 먼저 우리나라 정부가 1972년에 실시한 정책을 하나 알아야 합니다. 당시 우리나라는 아직 성장하는 단계였기 때문에 기업이 필요한 자금을 제대로 조달하기 어려웠어요. 그래서 기업들이 사업 자금이나 뇌물 등으로 쓸 돈이 필요하면 개인이 고금리로 돈을 빌려주는 사채 시장을 은밀히 이용했는데요. 그 자금 규모가 적지 않았다고 해요. 그래서 정부는 사채 등 지하 경제를 제도권으로 흡수하기 위해 8·3 긴급 금융 조치(8·3조치)라는 것을 단행했어요. 기업이 사채를 쓰지 못하게 하고 새로운 법도 만들었지요. 그때 제정된 법이 「단기 금융업법」, 「상호 신용 금고법」, 「신용 협동조합법」 등 사금융양성화관계 3법(1972)과, 「종합 금융 회사에 관한 법률」(1975)이었어요.

이에 따라 투자 금융 회사, 상호 신용 금고(상호 저축 은행), 신협, 종합 금융 회사 등 다양한 형태의 비은행 금융 기관이 새로 생기거나 정비되었어요. 각 기관의 역할이나 구성 등을 규정하는 법은 다르지만 탄생 배경과 하는 일은 꽤 비슷합니다.

상호 금융은 조합원에게 금융 지원을 하는 조합 금융이라는 것이 특징이에요. 일종의 회원제 금융 회사인데요. 조합원들끼리 돈을 모아서 펀드처럼 돈을 운용하는 거죠. 대표적인 곳은 신협, 농협, 수협, 산림 조합, 새마을 금고 등이 있어요.

상호 금융 기관에서는 대출도 하고 보험 상품도 취급하는데, 법적으로 은행과

다양한 비은행 금융 기관은 8·3 조치 이후 만들어졌다

보험 회사가 아니기 때문에 상품 명칭이 좀 달라요. 상호 금융의 보험 상품은 '공제(특정한 우발적 사건으로 발생하는 경제적 불안을 제거하기 위해 공동 준비 재산을 형성하는 제도)'라고 합니다. 모든 고객에게 금융 서비스를 제공하는 게 아니라, 조합원에게 금융 편의를 제공하는 곳이라고 이해하면 됩니다. 단, 농협은행은 상호 금융으로 출발했지만 지금은 은행이에요. 수협의 상호 금융도 수협은행으로 바뀌었지요.

한편, 8·3 조치 여파로 제정된 「종합 금융 회사에 관한 법률」에 따라 종합 금융 회사가 생겼는데요. 이곳에서는 보험업을 제외한 거의 모든 금융 회사 업무를 다 한다고 보면 됩니다. 은행 예금과 비슷한 종합 자산 관리 계좌cash management account, CMA도 취급하고, 증권 회사처럼 기업을 대상으로 하는 투자나 융자 업무, 증권의 인수·매출·모집 또는 매출 주선 등의 업무도 해요. 기업에 해외 자금을 조달하고 복합적인 금융 서비스를 제공하기 위해 만들었다고 합니다.

하지만 1997년 경제 위기 이후 종합 금융 회사들은 구조 조정 과정에서 많이 사라졌어요. 2023년 3월 기준 종합 금융 회사는 우리종합금융 한 곳만 남아 있습니다. 신한은행과 하나은행은 종합 금융업을 겸해서 영업하고 있어요.

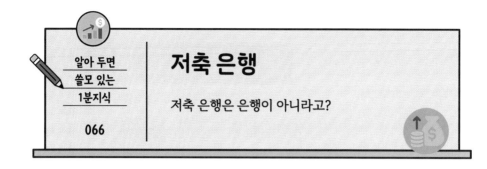

저축 은행

저축 은행은 은행이 아니라고?

저축 은행은 은행일까요, 아닐까요? 이름에 은행이 들어가긴 하지만 은행은 아닙니다. 그렇다면 저축 은행은 일반 은행과 어떻게 다를까요?

우리 정부는 사채 등 지하 경제를 제도권으로 흡수하기 위해 1972년에 8·3 조치를 단행했고, 그때 「상호 신용 금고법」이 제정되면서 상호 신용 금고가 탄생했습니다. 즉 음지에 숨어 있던 사채업을 양성화하는 과정에서 생겨난 금융 기관입니다.

이 상호 신용 금고라는 명칭은 2002년에 상호 저축 은행으로 바뀌었어요. 이를 줄여서 저축 은행이라고 부르지요. 저축 은행은 서민과 영세 상공인의 금융 편의를 도모하고 저축을 증대하기 위해 설립되었기 때문에 대표적인 서민 금융 기관입니다. 실제로 저축 은행은 옛날 우리 조상들이 경제적인 도움을 주고받거나 친목을 도모하기 위해 만들었던 사금융 형태의 '계'가 제도권 금융으로 흡수, 발전된 것으로 보기도 해요.

저축 은행은 「상호 저축 은행법」에 따라 설립되어 운영되고 있지만, 은행처럼 금융 감독원의 감독을 받는 제도권 금융 기관이에요. 설립 초기에는 이용자가 일정 기간 동안 돈을 맡기면 중도 또는 만료되는 시점에 일정 금액을 돌려주는 신용 부금 등의 업무만 할 수 있었어요. 하지만 지금은 예금, 적금, 대출 등을 두루 다루면서 시중 은행과 비슷한 금융 서비스를 제공합니다.

은행과 비교할 때 저축 은행의 가장 큰 장점은 시중 은행보다 예금 이자가 높은데

저축 은행에서는 대출을 더 쉽게 받을 수 있지만 대출 금리가 높다

대출 절차는 상대적으로 간단하다는 것입니다. 대출 한도 역시 시중 은행보다 높아요. 특히 「예금자 보호법」에 따라 1인당 5,000만 원 한도까지 원금과 이자를 보장받는다는 것도 장점이지요. 더 쉽게 대출을 받을 수 있기는 하지만 대출 금리는 더 높아요. 또한 시중 은행에 비해 저축 은행은 규모가 작아서 안정성이 떨어집니다. 은행은 전국에 오프라인 지점이 수천 곳에 이르는 대규모 기관이지만 저축 은행은 지점이 하나밖에 없는 곳도 적지 않아요. 하지만 이자율이 높기 때문에 약간이라도 높은 이자율을 원하는 사람들이 인터넷 뱅킹으로 예금과 적금에 가입하기도 하지요.

저축 은행의 예금이나 적금에 가입하고 싶다면 여러 저축 은행의 금리를 비교해 보고 선택하는 게 좋아요. 저축 은행 중앙회 홈페이지에서는 전국의 저축 은행이 취급하는 예금과 적금, 주택 담보 대출, 신용 대출 등의 금리를 6~36개월 기준으로 확인할 수 있어요. 인터넷이나 모바일 뱅킹으로 가입할 수 있는 상품만 따로 비교할 수도 있어요.

저축 은행은 은행에 비해 규모가 작은 금융 기관이기 때문에 경영을 잘하고 있는지 꼭 살펴보고 돈을 맡겨야 합니다. 저축 은행들의 경영 상황 역시 저축 은행 중앙회 소비자 포털 홈페이지에서 확인할 수 있어요.

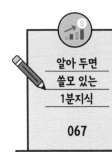

벤처 캐피털

스타트업에 주로 투자하는
금융 회사가 있다?

여러분은 벤처 캐피털Venture Capital이라는 말을 들어본 적 있나요? venture는 '모험' 또는 '모험적인 사업'을 뜻하고, capital은 '자본(금)'을 뜻합니다. 따라서 벤처 캐피털은 '모험적인 사업에 투자하는 자본(금)'이라는 뜻으로, 이런 사업을 하는 금융 회사를 의미해요. 즉 좋은 아이디어와 기술이 있지만 사업 자금이 부족한 초기 스타트업 start-up(설립한 지 오래되지 않은 신생 벤처 기업)에 투자하는 투자 전문 회사 또는 그 기업의 자본을 말하는 거죠. 벤처 캐피털은 주로 창업 초기(창업 7년 이내) 기업의 주식에 투자합니다. 창업 초기 기업은 기술이 아무리 뛰어나고 장래성이 있어도 적당한 담보물이 없어서 금융 기관에서 사업 자금을 대출받기가 어렵기 때문입니다.

벤처 캐피털은 투자 조합이나 펀드를 만들어 투자해요. 이런 투자 조합이나 펀드에는 기업, 일반인, 금융 기관, 심지어 정부 기관이 참여하기도 한답니다. 이렇게 모은 자금으로 투자 대상 스타트업의 주식을 취득하는 형식으로 투자해요. 그리고 그 스타트업이 사업을 잘해서 돈을 잘 벌고 기업 가치가 높아지면 보유하고 있던 스타트업 주식을 팔아서 투자금을 회수합니다. 주로 스타트업이 주식 시장에 상장할 때 파는 경우가 많아요.

언뜻 보면 일반적인 주식 투자와 크게 다를 게 없어 보이는데요. 투자하는 과정은 일반 주식 투자와 비슷하지만, 투자 대상이 초기 스타트업인 게 특징이에요. 일반인들은 대부분 어느 정도 사업이 자리를 잡아서 코스피, 코스닥 등 정규 주식 시장에

벤처 캐피털은 투자 조합이나 펀드를 만들어 벤처 기업의 장래성에 투자한다

상장된 기업에 투자합니다. 일반적인 주식 투자자가 비교적 잘 성장한 청장년 사업가에게 투자하는 것이라면, 벤처 캐피털은 어린이 사업가에게 투자하는 셈이죠. 따라서 벤처 캐피털은 적은 금액으로 스타트업 주식을 사 놓았다가 나중에 그 스타트업이 멋지게 성장하면 엄청나게 높은 수익률을 거둘 수 있어요. 하지만 모든 스타트업이 성공하는 것은 아닙니다. 그래서 벤처 캐피털은 투자한 스타트업들이 사업을 잘 할 수 있도록 여러 가지를 도와줍니다. '창업 보육 센터'라는 사무 공간을 지원하거나 법률, 세금, 회계 등 기업 관리 전문가와 연결해 주기도 해요.

스타트업에 투자해서 높은 수익을 거둘 수도 있지만 반대로 투자한 스타트업이 실패하면 벤처 캐피털은 투자금을 날리게 되지요. 그야말로 모 아니면 도인 투자라고 할까요. 그래서 벤처 캐피털은 투자 대상 스타트업을 고를 때 사업성, 기술력, 경영자의 자질 등을 아주 엄격하게 심사합니다.

우리나라 최초의 벤처 캐피털은 1974년 정부가 설립한 한국 기술 진흥 금융(현재는 기술 보증 기금)입니다. 1997년 경제 위기 발생 후 이를 극복하는 과정에서 벤처 기업이 늘어나면서 벤처 캐피털 회사들도 함께 증가했습니다. 벤처 캐피털은 대개 ○○벤처투자, ××벤처스, △△창업 투자, ◇◇인베스트먼트라는 이름을 기업명으로 주로 쓰고 있어요.

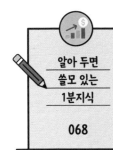
여신 전문 금융 회사

대출 업무만 하는 금융 회사를 아시나요?

여신 전문 금융 회사는 말 그대로 여신(대출)을 전문으로 하는 금융 회사입니다. 이름이 길어서 흔히 '여신 전문사(여전사)'라고 줄여서 쓰기도 하지요. 여신 전문 금융 회사에는 신용 카드 회사, 할부 금융 회사(캐피털사), 리스 회사(기업을 대상으로 설비 대여 업무를 전문적으로 하는 회사) 등이 있어요.

이용자의 신용에 따라 외상 거래를 하고 일정 기간 뒤에 대금을 지불할 수 있게 도와주는 수단이 바로 신용 카드인데요. 신용 카드 회사는 신용 카드를 발급해 주는 회사입니다. 신용 카드 이용자는 신용 카드 회사에서 카드 론card loan이라는 대출을 비교적 쉽게 받을 수 있어요. 신용 카드 회사는 이에 따른 대출 이자를 받는데 은행의 대출 이자보다 높으니까 이용할 때 주의해야 합니다.

할부 금융 회사라고도 하는 캐피털사는 대출해 주고 이용자가 돈을 나누어 갚을 수 있게 해 주는 회사예요. 예를 들어 자동차는 한 대에 몇 천만 원씩 하기 때문에 자동차를 살 때 그 금액을 한꺼번에 내기 어려운 사람이 많은데요. 그래서 현대자동차 계열사인 현대캐피털은 고객에게 자동차 구입 자금을 빌려주고 매달 원금과 이자를 받아요. 즉 캐피털사가 고객 대신 구입 비용을 먼저 지불하고, 고객이 그 돈을 나누어 지불할 수 있게 하면서 대신 이자를 받는 방식이지요.

요즘엔 렌털rental이라고 해서 가전제품 등을 빌려서 쓰는 경우가 제법 많은데요. 기업을 대신해서 여러 설비나 장비를 금융 회사가 직접 구입해서 필요한 기업에 빌

여신 전문 금융 회사는 예금 수신은 하지 않고 대출만 한다

려주고 임대료를 받는 경우도 있어요. 이런 금융 회사를 리스 회사라고 합니다. 기업들은 리스 회사를 통해 사무용 기기, 의료기, 자동차, 항공기 등을 필요한 기간 동안 이용료만 내고 가져다 쓸 수 있어요.

그밖에 신기술 사업 금융 회사도 여신 전문 금융 회사로 분류돼요. 초기 스타트업에 전문적으로 투자하는 벤처 캐피털과 비슷한데요. 가장 큰 차이는 신기술 사업 금융업은 스타트업에 대출을 해 준다는 점입니다. 물론 스타트업의 주식을 살 수도 있지요.

여신 전문 금융 회사의 가장 큰 특징은 대출 사업을 한다는 점인데요. 불법 고금리 대부업체와 헷갈리는 경우도 있어서 조심해야 해요. 불법 대부업체들 중에 'ㅇㅇ캐피털'이라는 명칭을 쓰는 곳들이 적지 않거든요.

그럼 합법적인 여신 전문 금융 회사인지는 어떻게 알 수 있을까요? 여신 금융 협회 회원사인지를 확인하면 바로 알 수 있습니다. 여신 금융 협회 홈페이지에서는 신용 카드 회사, 리스·할부 금융 회사, 신기술 금융 회사 등 분야별로 회원사들의 목록을 확인할 수 있어요. 언젠가 여신 금융 회사를 이용할 일이 생긴다면 한번 꼼꼼히 살펴보세요.

대부업체

대부업체를 쉽게 이용해도 될까?

대부업체는 대출을 해 주는 금융 회사예요. 앞서 살펴본 여신 전문 금융 회사와 마찬가지죠. 그런데 왜 대부업체라고 따로 구분할까요?

여러분은 사람들이 살아가다가 주머니 사정이 점점 나빠질 때 찾아가는 금융 회사 순서를 알고 있나요? 제1금융권(은행) → 제2금융권(증권 회사, 보험 회사, 신용 카드 회사, 할부 금융 회사 등) → 대부업체 → 불법 사금융의 순서예요. 대출 금리는 은행이 가장 낮고 그다음 순서로 넘어갈수록 점점 높아져요.

은행과 제2금융권만 이용하면서 평생 살아가는 것이 가장 바람직한데요. 살다 보면 뜻하지 않게 경제적으로 어려워질 수도 있지요. 그런데 금융 회사에서 빌린 돈을 제대로 갚지 못하면 신용 등급이 나빠져서 은행이나 제2금융권과 거래를 할 수 없는 경우도 있습니다. 대출을 꼭 받아야 하는데 은행과 제2금융권을 이용할 수 없는 사람에게 대출해 주는 금융 회사가 바로 대부업체랍니다. 즉 대출 사업이라는 기본 업무는 같지만 상대하는 고객이 다르기 때문에 서로 다른 시장에서 영업하는 별도의 산업이지요.

현재 대출 상품에 대한 법정 최고 금리는 연 20퍼센트입니다. 즉 대부업체에서 대출받으면 원금의 최대 20퍼센트까지 이자를 낸다는 거예요. 100만 원을 빌리면 120만 원을 갚아야 한다는 뜻입니다. 대출 금리 20퍼센트면 너무 높아 보이나요? 원래 처음 「대부업 등의 등록 및 금융이용자 보호에 관한 법률」(「대부업법」)이 만들어졌던

2002년에는 금리 상한선이 연 66퍼센트나 되었어요. 이후 49퍼센트에서 24퍼센트, 20퍼센트로 점차 낮아졌지요. 20퍼센트인 지금의 금리 상한선은 2021년 7월(2021년 4월 공포)에 정해졌어요. 상한선을 법으로 정해 놓지 않으면 신용 등급이 낮은 사람들은 수백 퍼센트의 대출 금리를 강요하는 불법 사금융업체를 찾아가서 돈을 빌릴 수밖에 없답니다.

대부업체는 사실 합법적인 금융의 테두리로 들어온 지 그리 오래되지 않았어요. 원래는 그냥 사채업자들이었습니다. 1960년대 서울 명동 일대에는 기업에 단기 자금을 공급하던 사채업자들이 많았는데, 이 가운데 개인을 대상으로 소액을 대출해 주는 곳이 있었어요. 이런 곳들이 서서히 대부업체의 틀을 갖춘 것으로 알려져 있어요. 개인에게 돈을 빌려주던 사금융은 경제 위기 이후 1998년에 「이자제한법」(2007년 부활)이 없어지면서 급성장했지요. 이에 따라 사금융 이용자에 대한 고금리와 불법 추심(은행이 수취인의 위탁을 받고 어음, 수표, 배당금 따위의 대금을 받아 내는 일) 피해가 큰 문제로 부각됐어요. 금융 감독원 불법 사금융 피해 신고 센터에 접수된 피해 신고자의 이용 금리는 연평균 249퍼센트나 된 적도 있었다고 해요(2001년 2분기 말 기준. 금융 감독원 집계). 폭행이나 협박 같은 불법 행위도 많았고요. 그래서 정부는 2002년 「대부업법」을 제정하고 금리 상한선을 연 66퍼센트로 정했어요. 「대부업법」 제정 후 불법 사채업자가 양성화되고 불법 추심 행위 억제 효과가 나타났죠.

이제는 불법 사금융의 문제점이 많이 해소되기는 했습니다. 하지만 문제는 이용자들이 잘 모르고 불법 대부업체를 찾아가는 경우가 있다는 것인데요. 혹시라도 대부업체를 이용할 일이 생긴다면 반드시 한국 대부 금융 협회 홈페이지에서 등록 대부업체인지 꼭 확인하세요.

알아 두면
쓸모 있는
1분 지식

070

금융 위원회와 금융 감독원

잘못하는 금융 회사를 혼내 주는
저승사자가 있다고?

만약 어떤 은행의 은행장이 친한 친구가 경영하는 부실한 기업에 낮은 금리로 수조 원이나 되는 큰돈을 막 빌려준다면 어떻게 될까요? 그 부실한 기업이 대출금을 제대로 갚지 못하면 은행도 예금한 고객들에게 돈을 제대로 내주지 못해서 위험에 빠질 수 있어요. 그러다 보면 급기야 국가에서 은행이 망하지 않도록 국민의 세금으로 도와줘야 할 수도 있습니다. 실제로 1997년 경제 위기 때 우리나라의 여러 기업과 금융 회사들이 도산하면서 나라 경제가 큰 혼란에 빠졌었지요.

그래서 은행, 증권, 보험 등 금융 회사들의 경영은 각 기업에만 맡겨 놓지 않고 국가에서 감독합니다. 중앙은행이 기준 금리를 제시한다든지, 영업할 때 법을 어기지는 않는지 금융 감독 기관이 꼼꼼히 지켜본다든지 하는 식으로요. 우리나라의 금융 감독 기관으로는 금융 위원회Financial Services Commission, FSC와 금융 감독원이 있어요.

금융 위원회는 2008년에 정부 조직 개편으로 탄생한 행정 기관이에요. 금융 산업 선진화와 금융 시장 안정을 꾀하고, 건전한 신용 질서와 공정한 금융 거래 관행을 확립하기 위한 사무를 관장해요. 금융 위원회는 쉽게 말해 우리나라의 금융 정책을 구상하고 관리하는 두뇌 역할을 맡고 있어요. 금융 회사 가까이에서 실제로 감독 행위를 하는 손발 역할은 바로 금융 감독원에서 하고 있습니다.

과거에는 금융 회사들을 감독하는 기관이 은행 감독원, 증권 감독원, 보험 감독원, 신용 관리 기금 등 분야별로 나뉘어 있었어요. 1998년에 감독 효율성을 높이기

금융 감독원은 개인 민원에서부터 기업 공시 자료까지 금융 관련 모든 감독 업무를 맡고 있다

위해 금융 감독원 한 곳으로 통합했습니다. 금융 정책을 담당하는 금융 위원회는 정부 기관이지만, 금융 감독 실무를 담당하는 금융 감독원은 정부 조직이 아닌 특수 법인이에요. 금융 감독 업무가 정치적 압력 등에서 벗어나 중립적이고 전문적으로 이루어질 수 있도록 한 것이죠.

금융 감독원은 금융 회사 감독, 금융 회사의 업무와 재산 상황 검사, 검사 결과에 따른 제재 조치 부과, 금융 분쟁 조정 등 금융 소비자를 보호하는 역할을 맡고 있습니다. 금융 감독 분야는 크게 시스템, 건전성, 영업 행위로 나눌 수 있어요. 시스템 감독은 경제 전반에서 금융으로 인한 혼란이 일어날 것에 대비해 금융 시스템의 안정성이 잘 확보되어 있는지를 살펴봅니다. 그리고 문제가 발생할 것으로 예상되면 그에 대한 대책을 세우죠. 건전성 감독은 개별 금융 회사의 재무제표, 자본 적정성 등 각종 재정 건전성 지표가 양호한지 등을 살펴보는 것입니다. 영업 행위 감독은 금융 회사가 공시를 제대로 하는지, 소비자를 속이지는 않는지 등을 살펴보는 것이죠.

금융 감독원에서는 누구나 상장 법인에 대한 정보를 쉽게 알 수 있도록 '전자 공시 시스템'도 운영해요. 또 소비자들의 금융 관련 민원에 대해서도 상담해 준답니다. 혹시 여러분이 나중에 금융 회사와 분쟁을 겪게 된다면 금융 감독원의 문을 두드려 보세요.

알아 두면
쏠모 있는
1분지식

071

예금 보험 공사

은행이 망했을 때 내 돈을 돌려주는
수호천사가 있다?

만약 은행이 망하면 어떻게 될까요? 우리가 은행에 맡겨둔 예금도 그냥 날리는 걸까요? 그렇지 않습니다. 원금과 이자를 합쳐서 최대 5,000만 원까지는 확실하게 돌려받을 수 있거든요.「예금자 보호법」덕분이에요. 그런데 최대 5,000만 원의 돈은 어떻게 돌려받을 수 있을까요? 그건 바로 예금 보험 공사Korea Deposit Insurance Corporation, KDIC에서 이를 보장해 주기 때문입니다.

예금 보험 공사는 이름 그대로 예금에 대해 보험을 들어 주는 공기업이에요. 평소에 금융 기관들에서 미리 보험료를 받아서 예금 보험 기금을 조성해 놓습니다. 그러다가 예금 보험에 가입했던 금융 기관의 재정이 부실해지거나 파산해서 고객 예금을 돌려줄 수 없는 상황에 처하면, 그 금융 기관이 고객에게 돌려줘야 하는 예금을 대신 지급해 주지요.

예금 보험 공사는 1996년에 생겼어요. 처음에는 은행 예금자의 예금만 보호했습니다. 지금은 은행 외에도 증권 회사, 보험 회사, 종합 금융 회사, 상호 저축 은행 등 5개 금융 기관의 예금도 보호해 줍니다.

예금 보험 공사의 중요한 임무는 이 밖에도 더 있는데요. 만약 재정이 부실한 금융 기관이 생기면 그 기관을 다른 금융 회사에 매각하거나 합병해야 할 때 중간에서 다리를 놓는 역할도 하고요. 금융 기관이 파산하면 그 과정에서 정리 금융 기관을 설립하고 자금을 지원하기도 해요.

하지만 이처럼 재정이 부실한 금융 기관을 되살리기 위해 지원하는 돈은 우리 국민의 세금으로 마련할 수밖에 없습니다. 그래서 나중에 그 지원금을 회수하는 것도 예금 보험 공사의 중요한 업무예요. 재정이 부실한 금융 기관을 회생시키기 위해 예금 보험 공사가 자금을 투입했다면 그 기관의 파산 배당, 자산 매각 등을 통해 지원 자금을 회수하기 위해 노력합니다.

예금 보험 공사에서는 1인당 최고 5,000만 원까지 예금액을 보호해 준다(출처: 예금 보험 공사)

어떤 금융 기관의 재정이 부실해졌다면 대출해 주지 말아야 할 곳에 대출을 해 주는 등 누군가 잘못을 저질렀을 가능성도 있습니다. 따라서 해당 금융 기관의 재정 부실이나 부실 우려에 책임이 있는 것으로 인정되는 전현직 임직원, 해당 금융 기관에 돈을 제대로 갚지 않은 채무자(법인 포함) 등을 상대로 손해 배상 청구 소송을 제기하는 것도 예금 보험 공사의 일이랍니다.

예금 보험 공사에서는 5개 금융 기관의 예금을, 원금과 이자를 합해 5,000만 원까지 보장해 준다고 했어요. 여기서 꼭 기억할 것은 보장해 주는 기준이 계좌당이 아니라 1인당이라는 거예요. 즉 나에게 A은행에 계좌가 3개 있고 계좌마다 원금과 이자를 합해서 각각 5,000만 원씩 총 1억 5,000만 원이 들어 있는 상태라 해도, 여기서 딱 5,000만 원까지만 되돌려받고 1억 원은 손해를 본다는 뜻이에요. 또 예금만 보장을 받을 수 있습니다. 펀드처럼 운용 실적에 따라 원금이 손실될 수 있는 투자 상품은 보호받지 못한다는 것도 꼭 기억하세요.

금융 결제원

돈은 서로 다른 은행 사이를
어떻게 오고 갈까?

여러분은 현금이 필요할 때 기계에서 돈을 찾아본 적이 있나요? 은행 지점이나 사람들이 많이 오가는 곳에 설치되어 있는 돈 찾는 기계를 본 기억이 있을 거예요. 이런 기계를 자동화기기라고 하는데요. 현금 자동 지급기(현금 인출기)인 CDCash Dispenser와, 현금 자동 입출금기인 ATMAutomated Teller Machine이 있어요. CD에서는 돈을 찾는 것만 할 수 있고, ATM에서는 입금과 출금을 모두 할 수 있습니다.

내가 거래하지 않는 다른 은행의 기기에서도 돈을 찾을 수 있습니다. 약간의 수수료를 내야 하지만 현금을 급히 찾아야 한다면 매우 편리하지요. 이렇게 서로 다른 은행 사이에서 돈이 오갈 수 있도록 도와주는 곳이 바로 금융 결제원이에요. 은행 사이에 돈이 오가는 고속도로를 운영하는 곳이지요. 전문적인 용어로는 지급 결제 인프라인 금융 공동망을 운영하는 기관이랍니다. 사실 금융 거래에서는 돈을 주고 받는 것이 핵심인데, 사람들이 이용하는 은행은 서로 다르기 때문에 이런 은행 사이에서 거래를 도와주는 서비스는 매우 중요합니다.

개인용 공동 인증서를 발급해 주는 것도 금융 결제원의 중요한 업무입니다. 공동 인증서는 온라인에서 신분증 역할을 하는 디지털 증서지요. 은행, 보험, 신용 카드 회사와 온라인에서 거래할 때 사용합니다. 금융 결제원은 이 공동 인증서의 발급과 관리를 담당하는 기관 중 하나예요. 예전에는 은행 거래를 하려면 꼭 이 인증서만 사용해야 했고, 정부가 공인한 인증서라는 뜻으로 공인 인증서라고 했지요. 하지만 지

우리가 편리하게 이용하는 모든 전자 금융 서비스는 금융 결제원이 관리한다

금은 사설 인증서도 이용할 수 있어서 네이버, 카카오 같은 인터넷 기업에서 발급하는 인증서도 온라인 신분증으로 사용할 수 있어요.

금융 결제원은 은행과 은행의 자금 흐름을 중개하는 전자 금융 공동망, CD 공동망, 타행환 공동망, 공동 인증 외에도 인터넷 지로, 전자 수입 인지, 직불 카드 전산망 등도 운영하고 있어요. 한 은행에서 여러 은행 계좌를 한번에 확인할 수 있는 오픈 뱅킹 서비스도 관리합니다. 이 밖에도 전자 상거래를 할 때 구매자가 판매자에게 실시간으로 물품 대금을 계좌 이체할 수 있는 결제 시스템, 신용 카드 또는 직불 카드 가맹점과 금융 회사를 위한 카드 결제 중개 서비스도 제공합니다.

금융 결제원은 어음을 교환하는 전국 어음 교환 관리소와 지로를 관리하는 은행 지로 관리소를 통합해서 설립한 기관입니다. 1986년에 「민법」 제32조 '비영리 법인의 설립과 허가'에 따라 출범한 비영리 사단법인이랍니다. 하지만 업무의 중요성 때문에 정부에서는 사실상 공기업으로 취급하지요. 개인과 직접 얼굴을 맞대고 처리하는 업무가 적어서 인지도는 별로 높지 않습니다. 하지만 여러 은행의 돈이 오가는 것을 중간에서 관리하는 업무는 매우 중요하므로 국가 기반 시설로 지정되어 있어요.

우리가 직접 금융 결제원을 상대하지 않지만 이런 중요한 금융 관련 기관이 있다는 것을 기억해 두면 좋겠지요?

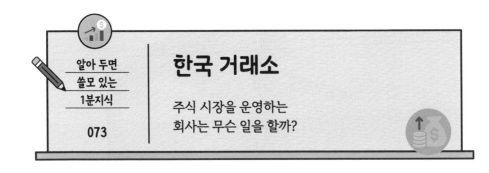

한국 거래소

주식 시장을 운영하는
회사는 무슨 일을 할까?

주식회사는 여러 주주가 자본금을 대서 설립한 회사입니다. 주주가 회사에 투자한 자본금의 규모를 보여 주는 것은 회사가 발행한 주식의 보유 수량이고, 이 주식은 사고팔 수 있지요. 증권 회사에 계좌를 만들어서 원하는 주식을 사거나 팔 수 있어요.

그런데 우리가 매번 해당 주식을 갖고 있는 사람을 찾아가서 "A주식을 10주 사고 싶으니 저에게 팔아 주세요"라고 요청해야 한다면 너무 번거롭겠지요. 그래서 주식 시장이 필요해졌고 이 시장을 운영하고 관리하는 곳이 생겼어요. 우리나라에서 이 일을 담당하는 곳이 바로 한국 거래소랍니다.

한국 거래소가 관리하는 주식 시장은 현재 세 곳이에요. 유가 증권 시장, 코스닥 시장, 코넥스Korea New Exchange. KONEX 시장입니다. 우량한 중견 기업이나 대기업들의 주식은 보통 유가 증권 시장인 코스피 시장에서 거래돼요. 코스닥 시장에서는 정보 기술information technology, IT, 생명 공학biotechnology, BT, 엔터테인먼트, 게임 등 분야의 성장성이 높은 벤처 기업들의 주식이 주로 거래되지요. 코넥스 시장은 초기 중소기업이나 벤처 기업 전용으로 만든 시장이에요. 코스닥 기업보다 더 작은 초기 기업들이 대상이에요.

한국 거래소가 운영하는 시장에는 증권 상품 시장, 채권 시장, 파생 상품 시장도 있어요. 증권 상품 시장은 상장 지수 펀드Exchange Traded Fund, ETF(주식처럼 거래할 수 있고 특정 주가 지수의 움직임에 따라 수익률이 결정되는 펀드), 상장 지수 채권Exchanged Traded Note,

ETN(원자재 통화 금리 변동성 등을 기초 자산으로 해서 이 자산의 성과대로 만기에 수익을 지급하기로 약속한 증권), 주식 워런트 증권Equity Linked Warrent, ELW(자산을 미리 정한 만기에 미리 정해진 가격으로 사거나 팔 수 있는 권리를 나타내는 증권) 등을 거래하는 시장이에요. 채권 시장은 채권을 거래하는 시장, 파생 상품 시장은 파생 상품을 거래하는 시장이고요.

한국 거래소는 다양한 투자 상품을 거래할 수 있는 종합 금융 시장이다(출처: 한국 거래소)

한국 거래소는 각 시장을 운영하면서 증권의 매매 거래, 장내 파생 상품의 청산과 결제, 증권의 상장, 시장 거래 등을 감시해요. 그야말로 우리나라 자본 시장을 좌우하는 중요한 역할을 하고 있습니다. 이 거래소는 회원제 방식으로 운영하는데, 증권 회사, 선물 회사, 종합 금융 회사 등 금융 투자 회사, 은행(채권 거래)만 회원으로 가입할 수 있어요. 그래서 우리 같은 일반인은 한국 거래소 회원사인 여러 금융 회사에 계좌를 만들어서 각 금융 회사의 중개 서비스를 이용해 주식이나 채권 등을 거래합니다.

현재의 한국 거래소는 2005년에 한국 증권 거래소, 한국 선물 거래소, (주)코스닥 증권 시장, 코스닥 위원회 등 4개 단체를 합병해서 만들어졌어요. 시장별로 따로따로 운영되는 것이 비효율적이라서 합쳤다고 합니다. 원래는 공공 기관이었는데, 2015년에 공공 기관에서 지정 해제되어 지금은 민간 기업이에요. 하지만 시장 감시 등 국가에서 해야 할 자본 시장 감시 기능을 대신 수행하고 있기 때문에 금융 당국인 금융 위원회의 감독을 받습니다.

신용 평가 회사

돈을 잘 갚을 수 있는지
점수를 매기는 곳이 있다?

기업이 사업을 할 때는 돈이 아주 많이 필요합니다. 그래서 다양한 방법으로 사업 자금을 조달하지요. 회사가 은행에서 직접 대출을 받거나, 회사가 발행한 채권을 사들인 투자자에게 이자를 주면서 채권액만큼 돈을 빌리는 거죠. 이때 그 회사에 돈을 빌려주는 채권자는 그 회사가 돈을 잘 갚을 수 있는지를 미리 알아야 안심하고 돈을 빌려줄 텐데요. 어떤 기업이 돈을 잘 갚을 수 있는지를 평가해서 알려 주는 곳이 바로 신용 평가 회사입니다.

채권을 발행한 회사가 사업이 잘 안되어서 부도를 낸다면 투자자는 빌려준 돈을 날릴 수 있습니다. 신용 평가 회사는 이런 손해가 발생할 위험을 방지하는 역할을 하는 거예요. 시장에서는 발행된 채권이 증권별 부도 가능성에 따라 금리를 매길 수 있도록 기준선을 제시하는 역할도 하고 있습니다.

우리나라에서는 기업이나 공공 기관이 채권을 발행해서 개인이나 기관 투자자에게 팔려면 무조건 신용 평가 회사에 의뢰해 채권 등급을 평가받아야 해요. 상장 기업이라면 신용 평가를 거치지 않고도 필요한 자금을 확보할 수 있습니다. 은행에서 대출을 받거나 주식 시장에서 유상 증자(신주新株를 발행함으로써 자금을 새로 조달해서 자본금을 늘리는 일)를 실시해서 자금을 조달할 수 있거든요. 하지만 비상장 기업이라면 상대적으로 대출이나 증자가 어려울 수 있기 때문에 채권을 꼭 발행해야 하는 경우가 적지 않아요. 그래서 신용 평가 회사에 신용 등급 평가를 의뢰하는 경우가 많습니다.

신용 등급은 한번 평가받으면 평생 가는 게 아니에요. 분기, 반기, 연간 등 정기적으로 신용 상태를 평가해서 계속 최신 상태를 반영하며 수정됩니다. 수월하게 자금을 조달하려면 꾸준히 좋은 신용 등급을 유지해야 한다는 거죠.

신용 등급은 정기적으로 재평가해 수정된다

우리나라에 신용 평가 회사로 허가를 받은 곳은 한국 기업 평가Korea Ratings, 한국 신용 평가Korea Investors Service, NICE 신용 평가NICE Investors Service, SCI 평가 정보SCI Information Service 등 네 곳뿐이에요. 이 가운데 한국 기업 평가, 한국 신용 평가, NICE 신용 평가 등 세 곳이 전체 신용 평가 시장의 약 99퍼센트를 차지하고 있지요.

채권은 기업에서만 발행하는 게 아니라 국가에서도 발행해요. 그래서 전 세계 국가들의 신용을 평가하는 세계적인 규모의 신용 평가 회사도 있어요. 무디스Moody's Investment, 에스앤피S&P, 피치 레이팅스Fitch Ratings 등 세 곳이 대표적이죠. 모두 미국 기업이랍니다.

국가 신용 등급이 그 나라 지방 정부나 기업의 신용 평가 등급의 상한선으로 작용하고 있다는 점도 흥미롭습니다. 만약 우리나라 국가 등급이 B라면 우리나라의 기업이 아무리 사업을 잘해서 돈을 많이 벌고 재무 상태가 튼튼해도 절대로 A등급을 받을 수 없어요. 따라서 국가 신용 등급은 우리나라 경제에 중요한 기준선입니다.

기업이나 국가처럼 개인의 신용도 평가합니다. 주로 은행에서 대출을 받을 때 쓰이죠. 개인도 공무원, 의사, 변호사 같은 전문직이거나, 대기업에 다니는 경우 신용 등급이 대부분 더 높고 그만큼 대출을 더 많이 받을 수 있는데요. 국가 신용 등급이 기업 신용 등급의 상한선이 되는 이유와 비슷합니다.

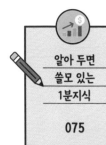

금융 관련 협회

분야별 금융 회사들이 모이면 어떤 일을 할까?

혼자서 새로운 일이나 과제를 하려고 하면 막막할 때가 종종 있어요. 그래서 사람들은 다양한 형태의 모임을 많이 만듭니다. 기업들도 비슷한 업종끼리 모여서 단체를 만들어요. 보통 '○○협회'라는 이름을 붙이지요. 금융권에도 은행, 금융 투자, 보험, 카드, 캐피털사 등 분야별로 만든 협회가 여러 곳 있어요. 이 단체들은 분야별 주요 금융 이슈에 대해 금융 당국, 국회 의원들에게 분야별 입장을 전달하고 정책을 개선해 달라고 제안하는 역할을 해요. 어떤 제도가 도입되거나 바뀔 때 현장의 목소리를 전달하는 거죠.

금융 관련 협회들은 또 같은 업계 금융 회사들이 서로 업무를 협조해야 할 때도 힘을 모으고, 소속 분야에 필요한 조사 연구 자료도 만들어요. 대부분의 협회 홈페이지에서는 각 분야별 통계 자료를 무료로 제공합니다. 임직원 현황이라든지 재무 현황 같은 정보들을 얻을 수 있지요. 또 관련 법규와 공시도 볼 수 있고, 업계 금융 상품의 금리를 비교해 주기도 해요. 또 소비자 보호 관련 업무도 합니다. 이제 주요 금융 관련 협회들에는 어떤 곳이 있는지 알아볼까요?

전국 은행 연합회

전국 은행 연합회는 은행들이 모인 단체입니다. 국책 은행, 특수 은행, 시중 은행, 지방 은행, 인터넷 은행과 일부 준정부 기관 등 23개사가 정사원이에요. 국내에 사무소가 있는 외국 은행의 한국 지점은 준사원이라고 합니다(34개사). 산하 금융 경제 연구소가 사단 법인 한국 금융 연구원으로 분리·독립되었습니다.

금융 투자 협회

금융 투자 협회는 한국 증권업 협회, 자산 운용 협회, 한국 선물 협회를 통합해서 만든 국내 최대의 금융 단체입니다. 우리나라에서 영업하는 모든 증권 회사, 자산 운용사, 선물 회사, 신탁 회사가 정회원으로 가입하고 있어요. 준회원으로는 투자 자문, 은행, 보험 회사, 종합 금융 회사, 한국 증권 금융이 있고요. 관련 연구소로 자본 시장 연구원이 있습니다. 증권업 협회 사내 조직으로 시작했다가 1995년에 사단 법인으로 분리했습니다.

생명 보험 협회, 손해 보험 협회

보험 회사들의 모임은 상세 분야별로 협회가 나뉘어 있어요. 생명 보험 회사들이 참여한 곳은 생명 보험 협회, 손해 보험 회사들이 모인 곳은 손해 보험 협회입니다. 보험업계에서는 보험 요율을 산정하고 새로운 보험 상품을 개발하는 기관으로 보험 개발원이라는 곳을 따로 운영해요. 또한 보험 관련 연구 기관으로 보험 연구원이 있고, 산하 연구소로는 자동차 기술 연구소가 있습니다.

여신 금융 협회

여신 금융 협회는 신용 카드 회사, 리스·할부 금융 회사, 신기술 금융 회사들이 모여 있는 단체입니다. 산하 연구소로 여신 금융 연구소가 있어요.

국제 부흥 개발은행과 국제 통화 기금

돈이 부족한 국가에게
돈을 빌려주는 곳은 어디일까?

지금까지 살펴본 금융 회사들은 주로 개인과 기업을 상대하는 곳이었습니다. 이번에는 전 세계 국가를 상대하는 중요한 금융 기관 두 곳을 알아보려고 해요. 바로 국제 부흥 개발은행인 IBRD와 국제 통화 기금인 IMF입니다.

IBRD와 IMF는 1944년 브레턴우즈 협정에 따라 설립된 국제 금융 기구입니다. IBRD는 장기 자금, IMF는 단기 자금을 빌려준다고 학교에서도 배웠을 있을 거예요.

브레턴우즈 협정은 제2차 세계 대전 후 미국 주도로 전 세계가 미국 달러를 기축 통화로 한 금 본위 제도를 채택하기로 했습니다(030 브레턴우즈 체제 참고). 이때 경제적으로 어려운 국가에 돈을 빌려주는 국제 금융 기구가 필요하다고 의견을 모았어요. 그 결정에 따라 IBRD와 IMF를 설립하기로 합니다. IBRD 회원국은 2023년 4월 현재 189개국으로, IMF 회원국이면 자동으로 회원국이 됩니다.

IBRD는 원래 제2차 세계 대전 후 각국의 전쟁 피해를 복구하고 개발하기 위해 설립되었지만, 지금은 개발 도상국이 공업화하는 데 필요한 돈을 장기적으로 빌려주고 있어요. 참고로 IBRD는 국제 개발 협회International Development Association, IDA, 국제 금융 공사International Finance Corporation, IFC, 국제 투자 보증 기구Multilateral Investment Guarantee Agency, MIGA, 국제 투자 분쟁 해결 기구International Center for Settlement of Investment Dispute, ICSID 등의 기구와 함께 세계 은행 그룹에 속해 있습니다.

IMF는 주로 무역 거래 대금을 결제하기 어려운 국가에 단기로 대출해 줍니다. 우

미국 워싱턴 DC에 있는 국제 통화 기금 본사

리나라는 1997년에 달러가 바닥나면서 경제 위기를 맞았을 때 IMF에서 대출을 받은 적이 있죠. 당시 급한 외화 자금을 대출받는 대신에 이들이 요구하는 기업의 구조 조정, 자본 시장 개방, 공기업의 민영화 등 IMF가 제시한 조건들을 받아들여야 했는데요. 그래서인지 국내에서는 IMF에 대한 인상이 그리 좋지는 않습니다. 어쨌든 IMF는 세계의 외환 시세 안정, 외환 제한의 철폐를 도모하면서 외화 자금이 일시적으로 심각하게 부족해진 가맹국에 외화를 빌려주는 역할을 합니다.

　IBRD와 IMF는 돈이 필요한 국가들을 도와주는 금융 기구입니다. 하지만 우리나라가 IMF 체제하에서 겪었던 고통으로 알 수 있는 것처럼 돈을 빌리는 국가 입장에서는 가급적 만날 일이 없어야 좋은 곳일지도 모르겠어요. 현재 우리나라는 두 금융 기구에서 빌린 돈이 하나도 없어요. 예전에 빌렸던 자금은 모두 갚았다고 합니다.

가난한 이들의 자립을 지원하는
은행을 아시나요?
_마이크로-크레디트

제가 어렸을 때 시골 할머니댁에서 세수를 하려면 마당 한가운데에 있는 펌프에 물을 한 바가지 붓고 열심히 펌프질을 해야 물이 콸콸 쏟아졌어요. 처음에 바가지로 붓는 그 물을 마중물이라고 하는데요. 금융에서도 가난한 사람들이 자립할 수 있도록 마중물 역할을 하는 자금을 빌려주는 사업이 있어요. 마이크로-크레디트micro-credit라는 소액 대출 사업입니다.

마이크로-크레디트는 기존 제도권 금융 기관과는 거래할 수 없는 사회적 취약 계층에게 보증이나 담보 없이 창업 자금을 대출해 주고 경영 지원 등 관리해 주면서 자립할 수 있도록 돕는 제도입니다. 대출로 수익을 얻기보다는 금융 기관의 이익을 사회에 환원하는 목적으로 운영해요. 그래서 대출을 받는 사람에게 유리한 금리와 조건으로 대출을 해주지요.

이 제도는 2006년 노벨 평화상을 받은 무함마드 유누스Muhammad Yunus 교수가 1976년 처음 고안했다고 합니다. 방글라데시에서 태어난 유누스 교수는 미국 밴더빌트 대학교에서 경제학 박사 학위를 받은 후 1972년에 방글라데시로 돌아가 치타공 대학교 경제학과 교수로 재직하고 있었어요. 그러던 중 고리대금업자의 횡포에 시달

마이크로-크레디트 제도를 처음 생각하고 시행한 무함마드 유누스

리던 인근 주민들에게 돈을 빌려준 일을 계기로 이 프로젝트를 떠올렸다고 합니다.

처음에는 본인이 직접 은행에서 대출을 받아서 빈민들에게 소액 대출을 하는 그라민은행Grameen Bank(동네 또는 마을 은행)을 설립했습니다. 수많은 빈곤 가구가 이 프로젝트로 혜택을 받는 것을 확인한 유누스 교수는 1983년에 그라민은행을 법인으로 설립합니다. 그라민은행에서는 창업 자금을 빌려주면서 경영 자문도 하고 운영도 지원하면서 빈곤층이 자립할 수 있도록 도왔어요. 하지만 대출금의 원금과 이자를 받기 때문에 단순한 기부나 자선 사업과는 다릅니다. 이렇게 극빈자에게 무담보로 대출해 주었음에도 상환율이 90퍼센트 이상을 유지하고 있다고 합니다.

이후 그라민은행 같은 마이크로-크레디트는 아시아와 아프리카 전역으로 전파되었고 미국, 프랑스 등 선진국에도 전해졌어요. 우리나라에는 1999년 '신나는 조합'이라는 마이크로-크레디트가 설립된 것이 첫 사례입니다. 사회 연대 은행, 아름다운 재단 등도 마이크로-크레디트 활동을 하고 있지요. 2009년 12월 우리 정부가 주도하고 금융권과 기업들이 참여한 '미소 금융微小金融'이라는 마이크로-크레디트도 있어요. 기업과 금융 기관에서 출연한 기부금과 휴면 예금 등을 재원으로 해서 삼성, LG 등 11개 기업과 금융사 등이 설립한 미소 금융 재단에서 운영합니다.

7장

금융 이론과 금융 현상

☑ 레버리지 효과
☐ 포트폴리오 이론
☐ 효율적 시장 가설과 랜덤 워크 가설
☐ 행동 경제학 이론
☐ 다우 이론
☐ 윔블던 효과
☐ 마일스톤 징크스
☐ 뱅크 런

레버리지 효과

투자할 때도 지렛대를 사용한다고?

무거운 물건을 직접 들어올릴 수 없을 때, 지렛대를 이용하면 실제 힘보다 몇 배 이상 무거운 물건을 움직일 수 있지요. 이런 현상은 물리적인 물체에만 적용되는 건 아닙니다. 경제나 금융에서 기업, 개인 사업자, 투자자가 다른 사람에게서 빌린 돈을 활용해서 자기 자본 이익률을 높이는 것을 레버리지 효과leverage effect라고 합니다. 레버리지는 지렛대를 의미하는 레버lever에서 파생된 말이에요.

예를 들어 상민이가 자기 자본 10억 원으로 카페를 개업하고 운영해 순이익 1억 원을 올렸다고 합시다. 이때 투자한 자본 10억 원이 모두 상민이 개인의 자산이라면 상민이의 자기 자본 이익률은 10퍼센트예요. 그렇다면 상민이가 자기 자본이 5억 원뿐이어서 친구 장훈이에게 5억 원을 빌려서 카페를 열었는데 순이익 1억 원을 올렸다면 어떨까요? 상민이는 자기 자본 5억 원으로 1억 원의 순이익을 올렸기 때문에 상민이의 자기 자본 이익률은 20퍼센트가 됩니다. 따라서 대출을 받았을 때 내야 하는 이자 비용보다 더 높은 수익을 올릴 것으로 예상된다면, 다른 사람의 자본을 적극적으로 빌려서 투자하는 게 유리할 수 있어요.

레버리지 효과는 우리 주변에서 생각보다 쉽게 확인할 수 있어요. 집을 사려는 사람들 중 대부분은 적게는 수억 원, 많게는 수백억 원이나 되는 큰돈을 갖고 있는 경우는 별로 없습니다. 그래서 은행 같은 금융 회사에서 주택 담보 대출을 받습니다. 이런 경우 금융 회사의 대출을 지렛대로 삼아서 집을 산 것이죠. 집을 산 다음에 집

레버리지를 잘 활용하면 큰 수익을 올릴 수 있다

값이 올라가면 적은 자기 자본으로 더 높은 이익률을 올리는 것입니다.

집을 살 때뿐만 아니라 주식이나 선물 등에 투자할 때도 대출을 잘 활용하면 높은 레버리지 효과를 기대할 수 있어요. 하지만 레버리지 효과는 양날의 칼과 같기 때문에 항상 조심해야 합니다. 자신의 상환 능력보다 돈을 과도하게 빌려 쓰는 것은 위험할 수 있거든요. 개인이나 기업이 어느 날 갑자기 망하는 것을 가끔 볼 수 있어요. 이런 경우는 대부분 레버리지를 과도하게 사용했을 가능성이 높습니다. 자기 돈으로 사업이나 투자를 소규모로 시작했다가 예상보다 수익률이 높으면 자신의 능력을 과대평가하게 되지요. 그러다 보면 다른 사람에게서 자본을 빌려다가 사업이나 투자의 규모를 키워서 레버리지를 확대려는 욕심이 생기는 것입니다.

하지만 당초 예상과 달리 사업이 잘 되지 않거나 투자 성과가 기대에 미치지 못할 수도 있어요. 중간에 금리가 오르면 부담해야 하는 이자 비용이 갑자기 늘어날 수 있으니까요. 이처럼 이익으로 이자 비용을 감당할 수 없는 구간에 들어서면 결국 도산할 위험성이 높아집니다.

포트폴리오 이론

투자한 돈을 잃지 않는 방법은 없을까?

'수익률은 높지만 손실을 입을 가능성은 가능한 한 낮으면 좋겠다!' 무언가에 투자하는 사람이라면 누구나 이렇게 생각하지 않을까요? 실제로도 이렇게 투자하는 방법에 대한 연구 결과가 이론으로 정립되어 나왔는데요. 바로 포트폴리오 이론theory of portfolio selection이라는 것입니다. 경제 분야에서 포트폴리오는 각 금융 기관이나 개인이 보유하는 각종 금융 자산의 명세표입니다. 한마디로 포트폴리오 이론은 수익을 극대화하면서 위험을 최소화하는 포트폴리오를 구성하는 과정을 설명한 이론이지요.

이 이론은 미국의 경제학자 해리 마코위츠Harry Max Markowitz가 1952년에 경제 학술지인『금융 저널The Journal of Finance』에「포트폴리오 선택Portfolio Selection」이라는 논문을 발표하면서 알려졌어요. 포트폴리오 선택, 자산 선택, 증권 선호 이론, 분산 투자 이론이라고도 합니다.

포트폴리오 이론은 투자를 할 때 우리가 실제로 활용할 수 있습니다. 혹시 "달걀을 한 바구니에 담지 말라"는 말을 들어본 적이 있나요? 이는 분산 투자를 강조하는 말이랍니다. 투자할 때는 가급적 여러 자산에 나누어서, 즉 포트폴리오를 구성해서 투자하는 게 좋다는 뜻이에요. 이렇게 하면 손실 위험이 줄어든답니다.

겨울옷 매장과 아이스크림 매장을 운영하는 경우를 생각해 봅시다. 둘 중에 하나만 운영한다면 겨울옷 매장은 겨울에만 잘 되고 아이스크림 매장은 여름에만 잘 될 거예요. 즉 계절이나 날씨에 따라 매출액이 크게 차이날 수 있지요. 하지만 두 매장

분산 투자를 하면 손실을 입을 가능성이 낮아진다

을 모두 운영한다면 어떨까요? 여름이든 겨울이든 어느 한쪽의 매출액이 다른 한쪽의 매출액을 보완해 주기 때문에 1년 내내 매출액을 어느 정도 수준으로 꾸준히 유지하면서 돈을 벌 수 있겠지요. 이처럼 포트폴리오로 운영하면 개별 자산은 손실 위험이 있어도 전체 포트폴리오의 손실 위험은 줄어듭니다. 특히 같은 포트폴리오에 포함된 자산은 서로 상관관계가 낮을수록 분산 투자의 효과가 커진다고 합니다.

분산 투자 효과는 포트폴리오 내의 자산 종류를 다양하게 보유하는 것 외에도 투자하는 시점을 다르게 구성하는 경우에도 얻을 수 있어요. 주식, 채권 같은 금융 투자 상품은 가격이 급등락하기 때문에 우리 같은 일반 투자자가 제때 대응하기가 매우 어렵습니다. 기관 투자자나 전문 투자자들과 비교할 때 일반인들은 시장 상황이나 기업 가치에 대한 정보가 부족하기 때문이죠. 따라서 일반 투자자는 매달 일정한 금액을 정기적으로 투자하는 정액 분할 투자법cost averaging 같은 방식으로도 어느 정도 대응할 수 있답니다. 이렇게 하면 주식이나 채권의 가격이 급등락할 때 매수 가격이나 매도 가격을 평준화할 수 있기 때문이에요.

앞으로 여러분이 재테크를 하게 된다면 포트폴리오를 구성해서 투자 대상과 투자 시점을 나누어 대응하는 게 좋겠지요?

효율적 시장 가설과 랜덤 워크 가설

주가를 예측하는 것은 가능할까?

우리는 투자를 할 때 남들이 모르는 정보를 찾곤 하죠. 좋은 투자 정보를 남들보다 먼저 확인하고 투자하면 나보다 늦게 투자한 사람들보다 높은 수익률을 올릴 거라고 믿기 때문입니다. 그런데 정말 그럴까요? 이와 관련된 재미있는 이론을 몇 가지 소개할게요.

첫 번째 이론은 효율적 시장 가설efficient mafkets hypothesis이에요. 자본 시장의 자산 가격에는 그 자산의 가치에 관한 모든 공개된 정보가 주식 가격에 즉각 반영된다는 이론이지요. 그렇다면 어느 한 사람의 투자자만 아는 비밀 정보라는 건 없다는 이론인데요. 따라서 효율적 시장 가설에서는 주식 투자자가 주식 투자를 통해 평균 이상의 수익을 얻을 수 없다고 봐요. 이 이론은 미국의 경제학자인 유진 파마Eugene Francis Fama가 제시했습니다.

이 효율적 시장 가설의 한 갈래 중에 랜덤 워크 가설random walk hypothesis도 흥미롭습니다. 랜덤 워크를 우리말로 옮기면 '무작위로 움직이는 걸음걸이' 정도가 될 텐데요. 이게 무슨 뜻일까요? 바로 주가의 움직임에는 규칙성이 없어서 주가 예측은 불가능하다는 이론입니다. 잔뜩 취한 사람의 걸음걸이를 생각해 보세요. 취객의 보폭과 방향은 우연의 산물이지 그 걸음걸이에 어떤 규칙은 없잖아요.

랜덤 워크 가설에 따르면, 오늘의 주가는 오늘의 모든 변동 요인을 반영하고 내일의 주가는 내일의 변동 요인을 반영할 뿐입니다. 두 날짜의 주가는 서로 독립적이라

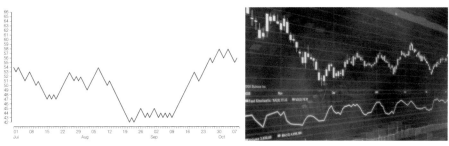

말킬 교수의 랜덤 워크 가설 테스트 결과(왼쪽)와 주가의 등락(오른쪽)이 비슷하다

고 보는 거죠. 주가의 흐름을 분석해서 앞으로의 주가를 예측하는 기법을 기술적 분석이라고 하는데요. 랜덤 워크 가설을 지지하는 입장에서 보면 기술적 분석으로 주가를 예측하는 것은 불가능합니다.

랜덤 워크 가설을 대중화한 사람은 프린스턴 대학교의 명예교수인 버턴 말킬 Burton G. Malkiel입니다. 그는 『랜덤 워크 투자 수업A Random Walk Down Wall Street』이라는 저서에서 랜덤 워크 가설을 설명하면서 '눈을 가린 원숭이'를 예로 들었습니다. 눈을 가린 원숭이가 다트를 던져 투자할 종목을 골라 투자해도 전문가들이 엄선한 종목에 투자한 수익률보다 높다는 비유입니다. 주가 예측은 그만큼 무의미하다는 이야기였지요.

랜덤 워크 가설에 반대하는 학자들도 있어요. 주가에는 추세가 있다고 보는 거죠. 매사추세츠 공과 대학교 경영 대학원의 앤드류 로Andrew W. Lo 교수와 아키 맥킨리Archie Craig Mackinlay 교수가 대표적입니다. 이들은 『월가의 논 랜덤 워크A Non-Random Walk Down Wall Street』라는 책으로 랜덤 워크 가설을 반박했어요. 주식 시장에는 추세가 있고 주가는 어느 정도 예측할 수 있다는 주장입니다.

여러분이 보기에는 어떤 가설에 따라 투자하는 게 더 유리해 보이나요?

행동 경제학 이론

사람들은 합리적으로 경제적인
의사 결정을 하고 있을까?

전통적인 주류 경제학 이론은 인간이 합리적으로 행동한다는 것을 전제로 합니다. 이는 인간이 각자에게 주어진 기회를 최대한 계획적으로 또는 체계적으로 활용해 자신의 목적을 달성할 것이라고 보는 관점이죠. 하지만 현실의 인간이 항상 합리적으로 행동하는 건 아니에요. 감정이나 기분에 휘둘리는 경우도 많고 편견에 빠져서 행동하기도 하니까요.

행동 경제학은 이처럼 인간의 심리와 본성은 예측하기 어렵다는 점에 주목하는 경제학의 한 분야입니다. 심리학과 경제학이 만나는 지점을 다루죠. 인간의 실제 행동을 심리학, 사회학, 생리학적 시각에서 관찰한 다음 얻은 결과를 해석하려는 경제학 분야입니다.

대표적인 이론으로 꼽히는 대니얼 카너먼Daniel Kahneman의 전망 이론Prospect Theory을 한번 살펴볼까요. 일반적인 경제 이론에서는 소비자의 만족감이 자신의 소득 총량에 따라 결정된다고 봅니다. 하지만 전망 이론에서는 소득 금액뿐만 아니라 자산의 보유 수준도 고려 대상이에요.

행동 경제학을 주창한 학자는 허버트 사이먼Herbert Alexander Simon입니다. 그는 인간이 완전히 합리적일 수는 없다고 보았어요. 따라서 경제학은 이러한 인간을 연구해야 하며 최적화optimization 원리보다는 본인이 원하는 일정 수준 이상이 되면 선택한다는 만족화satisficing 원리의 관점에서 접근해야 한다면서 절차적 합리성도 주장했지요. 주류 경제학에서는 인간이 의사 결정을 할 때 감정을 전혀 염두에 두지 않는다고 보았지만, 사이먼은 감정이 중요하다고 강조했어요.

주류 경제학에서 기대 효용 이론expected utility theory이 중요합니다. 행동의 결과가 불확실할 때 경제 주체는 결과에 대한 효용 기대치에 따라 합리적으로 판단한다는 이론이에요. 하

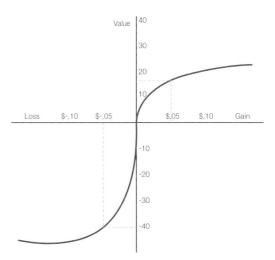

대니얼 카너먼의 전망 이론 그래프. 만족감과 손실감은 대칭적이지 않고 사람들은 손실에 더 민감하게 반응한다

지만 행동 경제학에서는 이와 달리 '사람은 절대치가 아니라 변화에 반응한다고 생각하지요. 예를 들어 소득의 총액이 얼마인지보다는 소득이 얼마나 늘었는지 줄었는지에 더 가치를 둔다는 겁니다.

전통적인 경제학은 인간의 뇌를 블랙박스black box라고 생각했다고 해요. 즉 개인의 인센티브incentive(종업원의 근로 의욕이나 소비자의 구매 의욕을 높이려는 자극), 선호, 신념을 입력input하면 행동이 출력output되지요. 그런데 그 결정 과정이 어떻게 이루어지는지에 대해서는 고려하지 않았어요. 하지만 의학이 발전하면서 뇌라는 블랙박스를 들여다볼 수 있게 되자, 이것이 경제학과 만나서 신경 경제학neural economics이라는 분야도 발전합니다.

주류 경제학은 인간의 행동을 단순화해서 공식으로 만들려는 경향이 있어요. 복잡한 경제 현상의 큰 흐름을 설명하기 좋거든요. 하지만 심리학은 인간 행동의 복잡함 자체를 이해하려고 노력합니다. 심리학은 행동 경제학이나 신경 경제학이 발전하면서 기존 경제학에서는 설명하기 어려웠던 측면들을 보완하고 있습니다.

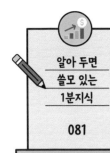

알아 두면
쓸모 있는
1분지식

081

다우 이론

내 주식 가격이 오를지 내릴지를
미리 알 수 있을까?

주식 투자자들은 언제나 자신이 보유하고 있는 주식 가격이 앞으로 어떻게 움직일지 미리 알고 싶어 합니다. 주식 시장이나 개별 주식 가격의 추세를 파악하는 이론으로 유명한 것 중 하나가 바로 다우 이론Dow Theory입니다. 주가의 움직임과 주식 시장의 반복되는 추세를 분석해서 체계적으로 정리한 이론이에요. 주가를 예측하기 위한 기술적 분석의 시초가 된 이론이기도 해요.

이 이론을 정리한 사람은 찰스 다우Charles H. Dow(1851~1902)인데요. 그는 미국의 유명 경제지 『월스트리트 저널The Wall Street Journal』과 다우존스사를 설립한 인물입니다. 다우는 철도주 20개의 평균 주가 지수와 공업주 30개의 평균 주가 지수로 구성된 다우 운송 평균 지수의 움직임을 살펴보면서, 주식 시장의 추세를 판단하는 기법을 고안했다고 해요. 다우는 이 과정에서 주가가 주기적으로 움직인다는 가설을 세웠고, 1929년 대공황 당시 미국 주식 시장이 붕괴할 것이라고 예상하기도 했대요.

다우 이론에 따르면, 기본적으로 주가가 한 방향을 잡으면 그 추세가 꺾여서 방향을 바꾸는 신호가 나타날 때까지는 기존 방향을 유지합니다. 즉 주식 시장이 무작위로 움직이지 않고 주기적인 추세의 영향을 받는다는 거죠.

다우 이론에서는 주식 시장의 추세를 기간에 따라 구분합니다. 매일 변동하는 추세는 단기 추세, 몇 개월 동안 지속되는 추세는 중기 추세, 1~10년 정도 지속되는 흐름을 장기 추세로 보는데요. 새로운 중기 추세의 최저점이 이전에 나타난 장기 추세

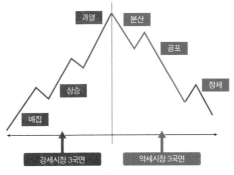

추세를 통해 주가를 예측하는 다우 이론

의 최저점보다 높을 경우, 장기 추세는 상승 국면으로 접어들었다고 봅니다. 반면에 새로운 중기 추세의 최고점이 기존 장기 추세의 최고점을 넘지 못할 경우에는 장기 추세가 하향세로 넘어간 것으로 판단하지요.

다우 이론에서는 장기 상승 추세가 3단계에 걸쳐 진행된다고 설명합니다. 1단계(축적 단계)는 경기 전망이 불투명하고 기업 이익은 감소해서 일반 투자자들이 약세장에 지친 나머지 주식을 계속 파는 국면이에요. 하지만 전문 투자자들은 오히려 주가가 낮아졌다고 보면서 주식을 사는 단계지요. 2단계(기술적 추종 단계)는 주가가 본격적으로 오르는 구간으로, 기술적 분석을 이용하는 투자자들이 큰 수익을 낼 수 있는 단계입니다. 3단계(분배 단계)는 주가가 과열 단계에 이르는 국면인데, 일반 투자자는 오히려 이 시기에 확신에 차서 너도나도 매수에 나서지요. 하지만 전문 투자자들은 바로 이 구간에서 그동안 많이 오른 주식을 팔고 투자 수익을 얻으면서 빠져나가는 단계라고 봅니다.

하지만 다우 이론에도 한계가 있어요. 투자자들이 장기 추세와 중기 추세를 정확하게 구분하는 것은 어렵습니다. 또 추세가 바뀌었다고 확인할 때까지 시간이 걸리기 때문에 적절한 시기에 매수와 매도 판단을 하기가 힘듭니다. 투자할 때 다우 이론을 참고할 수는 있지만 맹신하는 것은 위험할 수도 있어요.

윔블던 효과

우리 행사에서 남 좋은 일만 한다?

여러분은 테니스 경기를 본 적이 있나요? 세계적으로 권위 있는 유명한 테니스 대회 중에는 영국 윔블던에서 열리는 윔블던 선수권 대회The Championships, Wimbledon를 꼽을 수 있는데요. 그런데 이 대회에서 비롯된 금융 용어가 하나 있어요. 바로 윔블던 효과Wimbledon effect라는 것입니다. 외국 자본이나 외국계 기업이 국내 자본 시장을 장악하는 현상을 가리키는 말입니다. 윔블던 선수권 대회의 개최국인 영국 선수가 정작 이 대회에서 우승을 못하고 매번 다른 나라 선수들이 우승하는 상황을 빗대어서 만들어졌어요.

이 용어는 1986년 영국이 은행을 구조 조정하고 금융 시장을 외국 자본에 개방하면서 규제를 대폭 없앴던 금융 빅뱅Financial Big Bang이라는 개혁을 실시하면서 생겼어요. '철의 여인'이라고 불렸던 마거릿 대처Magaret Hilda Thatcher 수상이 이끌었던 당시 영국 정부는 주식 매매에 대한 고정 수수료 폐지, 은행과 증권 회사 간 교차 사업 허용, 외국 금융 회사의 시장 진입 전면 허용 등 대대적인 금융 시장 규제 완화에 나섰습니다.

이 조치를 단행한 후 영국에는 막강한 자금과 조직력을 자랑하는 미국과 유럽의 금융 회사들이 대거 진입합니다. 이후 이들은 영국 금융 시장을 빠르게 장악했어요. 영국 10대 증권 회사 가운데 8개사가 망하거나 외국 금융 회사로 합병되었다고 합니다. 영국 금융 회사들의 자생력이 약했기 때문인데요. 결국 영국의 금융 시장 주도권

은 금융 빅뱅 정책 때문에 외
국 자본에 넘어가게 되었습
니다.

결과적으로 보면 금융 빅
뱅 이후 영국 증권 산업의 전
체 경쟁력은 강화되었어요.
해외 자본이 영국 내로 유입
되면서 시장 경쟁이 활성화
되었고, 생존에 성공한 영국
금융 회사들의 경쟁력이 높

외국 자본이 국내 금융 시장을 장악하는 윔블던 효과

아지기도 했죠. 그 후 런던은 세계 금융의 중심지로 다시 부상했습니다. 하지만 많은
영국 금융 회사가 사라졌기 때문에 부작용도 적지 않았어요. 영국의 자본이 투자 손
실로 인해 외국으로 빠져나가기도 했고, 적대적 인수 합병에 따른 경영권 위협, 영국
내 경제 정책의 무력화 등도 겪어야 했지요.

우리나라도 윔블던 효과를 경험했습니다. 1997년 경제 위기를 겪으면서 IMF로
부터 거액의 달러 자금을 빌리는 대가로 우리 정부는 국내 금융 시장을 개방했어요.
이후 수많은 우리나라 은행, 증권 회사, 종합 금융 회사 등이 문을 닫거나 외국 금융
회사에 넘어가기도 했습니다. 당시 한미은행은 미국계 씨티은행에 인수되었고, 제일
은행은 영국계 스탠다드차타드은행에 인수되었지요.

특히 외환은행을 인수했던 미국계 사모 펀드인 론스타는 지금도 국부 유출 논란
만 나오면 거론되는데요. 론스타는 2003년 8월에 외환은행을 1조 3,800억 원에 매
입했다가 9년이 지난 2012년에 하나은행에 매각했어요. 그때 론스타가 얻은 투자
수익이 무려 4조 6,000억 원이 넘었습니다.

마일스톤 징크스

주식 시장에도 징크스가 있다고?

우리나라 주식 시장의 대표적인 지수가 코스피 지수입니다. 코스피 지수의 등락 흐름을 살펴보면 지금까지 오르락내리락하면서 서서히 상승한 것을 알 수 있어요. 흥미로운 것은 40년 가까운 기간 동안 1,000, 2,000, 2,500, 3,000 같은 수치를 만나면 지수가 다시 하락하곤 했다는 점입니다. 이처럼 주식 시장에서 주가 지수가 특정 분기점에 도달하기 직전에 하락하는 현상을 마일스톤 징크스Milestone Jinx라고 합니다. 마일스톤은 중요한 이정표라는 뜻인데요. 주식 시장에서는 1,500, 2,000, 2,500 같은 특정 분기점을 말하지요.

그렇다면 주가 지수는 특정 분기점에서 왜 힘을 내지 못하고 주저앉을까요? 그 이유는 주가 지수가 2,000이나 3,000 같은 수준에 이르면 투자자들이 이제 주가가 거의 꼭대기까지 올랐다고 여기기 때문이에요. 이런 상황에서 투자자들은 이제 주가가 떨어질 일만 남았다고 생각하고 보유한 주식을 팔려고 합니다. 주식을 사려는 사람보다 팔려는 사람들이 많아지면 당연히 주가는 하락하지요. 즉 마일스톤 징크스는 지수가 큰 단위로 바뀌는 것을 두려워하는 투자자들의 집단 심리가 주가 지수에 반영된 것입니다.

우리나라 주식 시장에서 코스피 지수는 1989년 3월에 처음 1,000을 넘었어요. 하지만 이내 하락했고, 두세 번 정도 다시 1,000을 넘어서려는 시도 끝에 2005년에 1,000을 힘차게 돌파했습니다. 2007년에는 2,000선을 돌파했어요. 하지만 세계 금

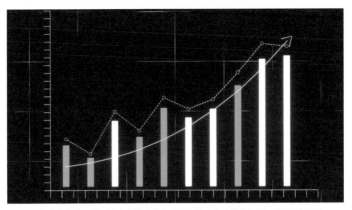

주식 시장에서 주가는 특정 수치에 이르면 주춤했다가 다시 상승하는 경향을 보인다

융 위기가 일어나면서 2010년까지 급격히 떨어졌습니다. 이후 2010년 말에 다시 반등하고 나서 2,000선을 중심으로 계속 오르내립니다. 2,000을 확실하게 넘었다고 볼 수 없는 상황이었지요. 그러다가 코스피 지수는 다시 힘을 내서 2,000을 벗어나 2,500을 향해 치솟았지만, 2017년쯤 2,500에서 또다시 주춤하며 꺾였습니다. 코로나-19 팬데믹을 거치면서 확 꺾였던 코스피 지수는 바닥을 치고 나서 3,000이라는 분기점을 상향 돌파하기도 했습니다. 하지만 3,000이라는 마일스톤에서 다시 힘을 잃고 주저앉았지요. 2023년 8월 현재는 2,500이라는 마일스톤을 탄탄하게 다지는 시기라고 볼 수 있겠네요.

중요한 것은 마일스톤 징크스가 불변의 법칙은 아니라는 거예요. 경제적 여건이 불황에서 호황으로 개선되거나, 주식 시장에 상장된 기업들의 실적이 크게 좋아지면 주식을 사려는 투자자들이 그만큼 많아집니다. 그래서 해당 시기의 마일스톤을 껑충 뛰어넘을 수 있거든요. 따라서 투자를 할 때는 시장 전체 분위기를 보여 주는 지수의 움직임을 참고하되, 개별 기업의 실적과 사업 여건에 더욱 집중해서 판단하는 게 좋습니다.

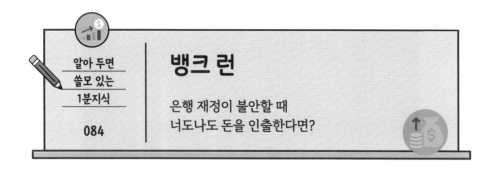

알아 두면
쓸모 있는
1분지식

084

뱅크 런

은행 재정이 불안할 때
너도나도 돈을 인출한다면?

여유 자금이 있는 사람은 대부분 은행 계좌에 넣어 두는데요. 만약 내가 거래하는 은행의 재무 상태가 불안하다면 어떨까요? 아마 불안한 마음에 그 은행의 돈을 찾아다가 재무 구조가 튼튼한 다른 은행으로 옮기고 싶겠지요. 그런데 이렇게 생각하는 사람이 한두 명이 아니라 그 은행의 고객 대다수라면 어떨까요? 은행은 일시에 거액을 내주어야 하기 때문에 고객들에게 돌려줄 현금이 금세 바닥납니다. 이처럼 많은 사람이 단기간에 한꺼번에 몰려들어 예금을 찾으려는 수요가 급증하는 사태를 뱅크 런 bank run이라고 합니다.

은행은 예금하는 고객들의 돈을 받아서 다른 개인이나 기업에 대출해 주고 예금 이자와 대출 이자의 차액으로 돈을 벌어요. 하지만 아무리 큰 은행이라고 해도 많은 사람이 갑자기 자신의 돈을 내놓으라고 하면 버티기가 쉽지 않아요. 대출해 줬던 돈을 즉시 회수할 수 없기 때문이지요. 문제는 이렇게 뱅크 런이 일어날 경우, 은행에 돈을 맡긴 사람 중 누군가는 돈을 찾기 전에 은행이 파산해 버리면 예금한 돈을 돌려받지 못할 수도 있다는 건데요. 그래서 많은 나라가 이를 방지하기 위한 제도를 마련해 두었어요. 바로 은행이 파산하더라도 5,000만 원까지는 보호해 주는 「예금자 보호법」이에요(071 예금 보험 공사 참고). 다른 나라들도 각국의 중앙은행에서 예금을 지급하지 못할 상황에 처한 은행에 자금을 빌려줘서 뱅크 런을 방어하기도 해요.

뱅크 런 사태는 전 세계에서 잊을 만하면 한 번씩 일어나곤 합니다. 미국에서 가

모바일 뱅킹 시대가 되면서 실리콘밸리은행은 이틀 만에 파산했다

장 유명한 뱅크 런 사태는 1907년 니커보커 신탁 회사Knickerbocker Trust 사태입니다. 이 회사 소유주가 구리 투기에 실패해 경영이 악화되었을 때, 이 신탁 회사에 돈을 맡긴 고객들이 동시에 돈을 찾으러 몰려들었습니다. 2000년대에도 몇 번 있었어요. 세계 금융 위기 여파로 영국 모기지 은행인 노던록은행Northern Rock Bank에서도 뱅크 런 사태가 있었지요. 또 2015년 그리스가 IMF에서 빌렸던 돈을 제대로 갚지 못했을 때도 예금자들이 은행으로 몰려들면서 하루에만 약 15억 유로(약 2조 1,000억 원)의 예금 이 빠져나갔다고 해요.

2023년 3월에는 미국 실리콘밸리은행Silicon Valley Bank, SVB이 파산했습니다. 이 은 행의 경우에는 특히 위기 소식이 알려진 지 겨우 이틀 만에 뱅크 런이 벌어지며 파산 해서 전 세계에 충격을 안겼지요. 이렇게 빨리 파산한 이유는 사람들이 은행 지점으 로 몰려가는 게 아니라, 그냥 은행 앱에 접속해서 몇 번 터치만 하면 즉시 다른 은행 으로 돈을 이체할 수 있는 시대가 되었기 때문입니다.

우리나라에서도 1997년 종합 금융 회사의 연쇄 부도, 2011년 저축 은행 부실 사 태가 있었을 때 뱅크 런 사태가 일어난 적이 있답니다.

돈을 세탁기에 넣고 돌린다고?
_돈세탁

더러워진 것을 깨끗하게 빼는 것이 세탁입니다. 그런데 돈도 세탁을 합니다. 실제로 돈세탁이라는 말이 『표준국어대사전』에도 있을 정도지요. '기업의 비자금이나 범죄, 탈세, 뇌물 따위와 관련된 정당하지 못한 돈을 여러 가지 방법으로 정당한 돈처럼 탈바꿈해서 자금 출처의 추적을 어렵게 하는 일'을 뜻해요. 즉 돈의 출처를 숨겨서 불법적인 자금을 합법적인 것으로 바꾸는 과정입니다.

돈세탁에 쓰이는 자금은 주로 마약 거래, 밀수, 도박, 밀입국 비용, 탈세 자금 등이에요. 전 세계에서 이루어지는 돈세탁에서 가장 비중이 높은 것은 마약 거래로 번 돈을 합법적인 자금으로 바꾸는 것이라고 합니다. 외국에서는 대개 마약, 무기 등의 밀매 자금을 세탁하고, 우리나라에서는 주로 정치 자금, 대형 경제·금융 범죄 사건과 관련된 뇌물 자금을 세탁한다고 해요.

돈세탁이라는 말은 원래 미국의 갱단에서 만들어졌습니다. 돈세탁은 영어로도 'money laundering'이라고 하는데, '돈'과 '세탁'이라는 단어를 그대로 합한 말이지요. 1920년대 미국에서는 알 카포네Al Capone 등 유명한 조직범죄자들이 도박장을 운영하거나, 금주법 시대에 불법 주류 판매 사업을 해서 돈을 벌었어요. 돈을 실제로 세탁소 사업을 해서 번 것처럼 가장해서 합법적인 소득으로 꾸몄던 것입니다.

우리나라에서는 '불법 재산의 취득·처분 사실을 가장하거나 그 재산을 은닉하는 행위 및 탈세 목적으로 재산의 취득·처분 사실을 가장하거나 그 재산을 은닉하는 행위'(「특정 금융거래정보의 보고 및 이용에 관한 법률 제2조 제4호, 제5호 참조)로 규정해요.

돈세탁은 불법 자금을 합법 자금으로 바꾸는 과정이다

우리나라에 자금 세탁 방지 관련법이 생긴 것은 2001년 9월이에요. 「특정금융거래정보의 보고 및 이용에 관한 법률」(「특정금융 거래보고법」)과 「범죄수익은닉의 규제 및 처벌 등에 관한 법률」(「범죄수익은닉규제법」) 등 두 가지가 있어요. 관련 법이 제정된 후 2001년 11월에 우리나라의 자금 세탁 방지 기관인 금융 정보 분석원Financial Intelligence Unit, FIU이 신설됩니다. 특정 범죄의 자금 세탁, 탈세 목적 외환 거래 의심 사례가 원화 2,000만 원, 외화 1만 달러 이상이면 이 거래를 취급한 금융 기관이 금융 정보 분석원장에게 보고해야 합니다. 국제적인 기구도 있어요. 국제 자금 세탁 방지 기구Financial Action Task Force on Money Laundering, FATF로, OECD 산하 국제기구입니다. 우리나라는 2009년 10월 14일에 정회원이 됐어요.

자금 세탁 범죄자는 5년 이하의 징역 또는 3,000만 원 이하의 벌금형을 받을 수 있고, 범죄 수익 또는 범죄 수익에서 유래한 재산 등은 몰수·추징할 수 있어요. 그럼에도 요즘에는 비트코인 같은 가상 자산 거래에 사용하거나 고가의 미술 작품, 골동품 등을 수집하고 조세 피난처의 해외 계좌에 송금하는 등 방법이 다양해졌어요. 그야말로 창(범죄 조직)과 방패(막으려는 당국)가 첨예하게 대립하는 상황입니다.

8장

금융 정책과 금융 제도

- ☑ 금융 정책
- ☐ 양적 완화와 테이퍼링
- ☐ 예금자 보호 제도
- ☐ 금융 실명제
- ☐ 금산 분리
- ☐ 공시
- ☐ 전자 서명 인증
- ☐ 오픈 뱅킹
- ☐ 연말 정산
- ☐ 마이 데이터

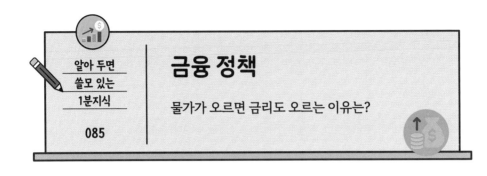

금융 정책

물가가 오르면 금리도 오르는 이유는?

여러분은 최근 1년 사이에 물가가 많이 오른 것을 느끼고 있나요? 음료수, 커피, 햄버거 등 우리가 종종 사 먹는 먹거리들이 보통 20~30퍼센트 정도는 가격이 오른 것 같더라고요. 부모님이 겨울에 난방비와 전기 요금이 많이 올랐다고 걱정하는 이야기도 하셨을 거예요. 이런 상황이 계속되면서 뉴스에서 등장하기 시작한 소식이 있어요. 바로 "한국은행이 기준 금리를 올렸다"는 내용이었죠. 여러분은 지금 우리나라 금융 정책이 어떻게 세워지고 실행되는지를 현실에서 보고 있는 거랍니다.

한국은행은 우리나라의 중앙은행이죠. 중앙은행은 시중에 돌아다니는 돈의 규모인 통화량과 이자율을 조절하면서 경제가 잘 돌아가도록 관리하는 기관이에요. 이렇게 통화량과 이자율을 적절히 관리하는 정책이 금융 정책인데, 주로 돈의 흐름을 조절하는 방식으로 이루어지기 때문에 통화 정책이라고도 하지요.

한국은행이 기준 금리를 조정하면 금융 회사들이 그에 맞춰서 이자율을 조절해요. 그러면 금융 시장에서는 은행 예금 이자와 대출 금리, 채권 금리 등이 잇따라 움직이지요. 금융 상품의 이자율이 달라지면 그에 따라 사람들이 돈을 운용하는 방식이 바뀐답니다.

기준 금리를 올려서 은행 예금과 적금의 이자율이 올라가면 주식 투자자는 주식을 팔고 그 대금을 은행 예금으로 옮기는 경우가 많아요. 주식 투자는 원금을 보장하지 않아서 주가가 떨어지면 손실을 입기도 하죠. 은행 예금은 5,000만 원까지 원금과 이자를 보장합니다. 그래서 예금 이자율이 4~5퍼센트 정도만 되어도 불안정한 주식에 비해 매력 있다고 생각하는 사람들이 주식 시장에 넣었던 돈을 은행으로 옮기는 거랍니다.

한국은행에서는 물가를 안정시키기 위해 기준 금리를 조절한다

돈이 은행으로 이동하면 그만큼 시중에 돌아다니던 통화량은 줄어요. 당장 지갑에 돈이 있으면 이것저것 많이 사게 됩니다. 이처럼 물건을 사려는 사람이 많으면 물건값은 오르지요. 원재료 가격이 올라서 물건값이 먼저 올라가는 경우도 있어요. 러시아-우크라이나 전쟁이 일어나자 세계적인 곡물 수출국인 우크라이나가 수출을 제대로 하지 못해서 밀가루 가격이 급등했어요. 또 원유를 많이 수출하는 러시아에서 원유를 사기 힘들어지자 휘발유 가격도 올랐지요. 난방비, 전기 요금, 식료품 등의 가격이 급등한 배경에는 이런 이유가 있었답니다.

이 전쟁이 발발한 후 각국 중앙은행들은 이처럼 물가가 상승하는 것을 막기 위해 기준 금리를 줄줄이 인상했어요. 금리가 올라가면 개인 소비와 기업 투자가 위축돼요. 돈을 빌릴 때 이자율이 부담되기 때문입니다. 그러면 시중의 통화량이 감소하면서 서서히 물가가 떨어지죠. 이처럼 중앙은행이 기준 금리로 통화량을 조절하는 것을 공개 시장 운영 정책이라고 해요.

금융 정책에는 공개 시장 운영을 비롯해 재할인율 정책(중앙은행이 금융기관에 돈을 빌려줄 때, 차입 규모를 조절해서 통화량을 늘리거나 줄이는 금융 정책), 지급 준비율 조정(중앙은행이 지급 준비율을 조절해서 시중 은행에 부과하는 지급 준비금을 증감함으로써 금융을 조정하는 일) 등도 있어요.

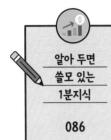

양적 완화와 테이퍼링

경기가 나쁠 때
중앙은행이 시중에 돈을 푸는 이유는?

금융 정책 가운데 해외 경제 뉴스에서 이따금 나오는 어려운 용어가 있는데요. 바로 양적 완화quantitative easing와 테이퍼링tapering입니다. 미국이나 유럽의 중앙은행이 이런 정책을 쓰기로 했다는 뉴스가 대부분이고요. 양적 완화는 무언가의 물량(규모)을 늘린다는 의미인데요. 그 대상은 바로 유동성, 즉 시중에 흘러 다니는 통화량입니다.

중앙은행은 금융 시장에서 돈이 잘 돌지 않을 때 돈의 양을 늘리기 위해 또는 경기가 나쁜 상황에서 경기를 회복시키기 위해 시중에 돈을 풀어요. 중앙은행이 국채 등 다양한 금융 자산을 사들이는 방식을 이용해요. 중앙은행이 금융 시장에서 국채를 사들이면 그 대가로 지불한 돈은 금융 회사로 이동하죠. 그 돈은 다시 대출을 받으려는 기업과 가계로 흘러가면서 시장에 통화량이 많아지고 경제가 조금씩 활기를 찾게 된답니다. 이처럼 중앙은행이 국채 등을 사들여서 시장에 유동성을 공급하는 것을 양적 완화라고 해요.

중앙은행은 왜 양적 완화를 할까요? 중앙은행은 원래 기준 금리를 조절해서 경제가 잘 돌아가게 하는 기관인데요. 경기가 좋지 않을 때는 기준 금리를 내리지요. 그런데 기준 금리가 0에 가까운 초저금리 상태일 때는 금리를 내린다고 해도 시장에 미치는 영향이 미미할 수밖에 없어요. 또 정부에 예산이 넉넉하면 정부가 직접 재정을 투입하는 방법도 고려할 수 있겠지만, 정부에도 돈이 별로 없는 경우도 있죠. 이런 상황에서 중앙은행은 경기를 부양하기 위해 양적 완화를 시행합니다.

경기가 나쁠 때는 통화량을 늘리는 양적 완화 정책을 시행한다

중앙은행이 기준 금리를 조절하는 정책은 간접적으로 시장의 유동성이 따라오게 만드는 것이다 보니 경기 회복 효과가 나타나려면 시간이 좀 걸려요. 하지만 양적 완화는 중앙은행이 직접 국채 등을 매입해서 금융 회사에 바로 돈을 주는 정책이기 때문에 시장에서 통화량이 즉시 늘어나므로 부양 효과가 빠릅니다.

미국이나 유럽이 양적 완화를 한다는 뉴스가 나오면 우리나라에서도 중요하게 다룹니다. 그 이유는 한 나라의 양적 완화가 다른 나라 경제에 영향을 주기 때문이에요. 만약 미국에서 양적 완화 정책을 시행하면 달러 통화량이 늘어납니다. 그러면 달러 가치가 하락하면서 미국의 수출 경쟁력이 올라가요. 또 달러로 결제하는 원자재는 가격이 상승하고 덩달아 물가가 오릅니다. 이런 상황이 되면 우리나라의 원화 가치가 올라가면서 수출 제품 가격이 비싸져서 수출 경쟁력이 떨어집니다.

양적 완화와 정반대로 시중에 풀었던 돈을 서서히 거두어들이는 정책을 테이퍼링이라고 해요. 중앙은행이 사놨던 국채를 내다 팔아 시중의 돈을 회수하는 방식인데요. 보통 경기가 과열되었을 때 진정시키기 위해 시행합니다.

예금자 보호 제도

거래하던 은행이 망했을 때
내 예금을 돌려받을 수 있을까?

은행에 예금을 하면 5,000만 원까지는 원금과 이자가 보장된다는 점 때문에 은행은 안전한 금융 회사라는 이미지가 강합니다. 그런데 이 5,000만 원은 은행이 망해도 받을 수 있을까요? 물론입니다. 바로 법으로 보장된 예금자 보호 제도(071 예금 보험 공사 참고)가 있기 때문이에요.

만약 어떤 은행이 영업이 잘 안되거나 고객이 맡긴 돈을 굴리다가 손해를 크게 입었다면 머지않아 그 은행이 망할지 모른다고 소문이 날 수 있어요. 그러면 그 은행에 예금했던 사람들은 자기 예금을 못 찾게 될까 봐 겁을 먹고 맡겨 놓았던 예금을 한꺼번에 찾아가려고 하겠지요. 혹시 아무 문제가 없는 은행인데 도산할 수 있다는 가짜 뉴스가 퍼졌다면 어떨까요? 가짜 뉴스였다고 해도 고객들이 잔뜩 나타나서 당장 예금을 내놓으라고 하면 은행은 보관하고 있던 돈이 금방 바닥이 나고 결국 은행은 파산하는 뱅크 런이 일어날 거예요.

이처럼 은행이 영업 정지를 당하거나 파산한다면 고객은 예금을 돌려받지 못할 위험에 처하게 되는데요. 은행이 고객이 맡긴 예금을 돌려주지 못하면 고객은 돈을 바로 찾을 수 없으니까 식료품도 못 사고 집세도 못 내고 학비도 내지 못하겠죠. 이렇게 가계가 불안정해지면 나라 전체가 불안해질 거예요. 그래서 이러한 사태가 생기지 않도록 우리나라에서는 「예금자 보호법」을 만들었어요.

「예금자 보호법」은 보험의 원리를 이용한 거예요. 「예금자 보호법」에 따라 정부에

은행이 파산해도 예금 일부를 돌려받을 수 있는 예금자 보호 제도가 있다

서는 예금 보험 공사를 설립했어요. 은행들이 평소에 이곳에 예금 보험료를 내면, 예금 보험 공사에서는 이 돈을 예금 보험 기금으로 잘 모아놔요. 그러다가 어떤 은행이 예금을 지급할 수 없는 사태가 발생하면 그 은행을 대신해서 예금자에게 일정 금액 한도 내에서 예금 보험금을 지급해 줍니다. 현재까지는 은행이 망할 경우 예금했던 고객은 원금과 이자를 합해서 5,000만 원까지는 보장을 받을 수 있어요.

그런데 왜 은행에 맡긴 돈을 전부 보장하지 않고 일부만 보장하는 걸까요? 이는 다수의 소액 예금자를 보호해야 하고, 또 부실한 은행에 돈을 맡긴 예금자도 일정 부분 책임을 분담해야 한다는 의미도 있어요.

특히 예금 보험 공사에서 5,000만 원까지 보호해 주는 금융 상품은 그 종류가 정해져 있다는 점을 꼭 알아두세요. 은행, 저축 은행, 우체국 등의 예금과 적금은 보호 대상이에요. 하지만 은행에서 가입했어도 펀드나 변액 보험 등은 원금을 보장하지 않습니다. 운용 결과에 따라 이익이나 손실이 투자자에게 귀속되는 수익 증권, 실적 배당형 신탁 등은 보호 대상에서 제외되거든요. 또한 보호 금액 5,000만 원은 개별 예금이나 지점별 금액이 아니고, 한 은행에서 예금자 한 사람이 받을 수 있는 전체 금액이라는 것도 기억하세요.

금융 실명제

은행 계좌를 다른 사람 이름으로
만들 수 없는 이유는?

"친애하는 국민 여러분, 드디어 우리는 금융 실명제를 실시합니다. 이 시간 이후 모든 금융 거래는 실명으로만 이루어집니다."

지난 1993년 8월 12일, 당시 김영삼 대통령은 긴급 명령으로 금융 실명제를 전격적으로 실시한다고 발표했습니다. 발표 다음 날인 8월 13일부터 우리나라에서는 개인이나 법인이 모든 금융 기관과 거래할 때는 반드시 본인의 실명을 확인해야 거래를 할 수 있게 되었어요. 주민 등록증, 여권, 운전면허증 등 신분증을 제시해서 본인임이 확인되어야만 계좌를 만들 수 있게 된 거죠. 지금은 당연한 일이지만 사실 그전에는 가명을 쓰거나 심지어 이름을 표기하지 않고도 계좌를 만들 수 있었어요.

그렇다면 금융 실명제는 왜 도입한 걸까요? 우리나라에서는 예금을 늘리기 위해서 1960년대에 익명이나 차명, 가명으로 금융 거래를 할 수 있게 했어요. 그런데 이 과정에서 부작용이 생겨났죠.

검은돈이라고 하는 뇌물이나 범죄자들의 돈이 거리낌 없이 돌아다닐 수 있었던 거예요. 또 세금을 내지 않으려고 재산을 차명으로 보유한 사람들도 많았어요. 국민의 재산 현황을 정확하게 파악해야 그에 맞춰 정부가 세금을 걷을 수 있지요. 차명으로 보유한 재산은 그게 누구의 것인지 모르니까 세금도 물릴 수 없었어요. 차명으로 거래해도 되는지를 모르는 사람들만 세금을 꼬박꼬박 냈죠. 그리고 많은 재산을 철저하게 차명으로 숨겨둔 사람들은 세금을 내지 않는 이상한 상황도 벌어졌어요. 이

1993년 8월 13일부터 시행된 금융 실명제(자료 출처: 동아일보)

처럼 불투명한 금융 거래가 나라 경제를 좀 먹는 현상이 심상치 않게 벌어지자 김영삼 대통령이 결단을 내리고 금융 실명제를 도입한 것입니다.

금융 실명제 시행 이후 금융 거래가 투명해지면서 음성적인 금융 거래로 인해 발생하는 부정부패와 탈세를 막을 수 있게 되었어요. 권력자에게 상납하던 기업의 비자금 등이 설 자리를 잃게 되자, 기업들은 기술 개발 투자에 자금을 투입할 여력이 커지기도 했습니다. 뿐만 아니라 사람들이 차명으로 숨겨 두었던 재산이 드러나면서 재산세 징수금도 늘어났고요.

특히 금융 실명제가 시행된 이후 차명 계좌를 만들기 어려워지면서 정치인이나 고위 관료들의 비리 규모가 대폭 축소된 것은 주목할 만합니다. 1995년에 전두환 전 대통령의 비자금 규모는 9,000억 원, 노태우 전 대통령의 비자금 액수는 4,000억 원에 달했던 것으로 알려져 있어요. 하지만 금융 실명제가 도입되고 난 후에 뉴스에 나오는 정치인이나 고위 관료들의 비자금 규모는 수십억 원 정도로 크게 감소했죠. 물론 수십억 원도 큰 금액이지만, 그만큼 금융 실명제가 음성적인 금융 거래를 막는 데 큰 역할을 했어요.

금산 분리

삼성은행이나 LG은행은 왜 없을까?

여러분은 '산업'이 무슨 뜻인지 알고 있나요? 『표준국어대사전』에서는 산업을 '인간의 생활을 경제적으로 풍요롭게 하기 위해 재화나 서비스를 생산하는 사업'이라고 정의합니다. 농업, 공업 등 유형물을 생산하는 업종뿐만 아니라 상업, 금융업, 운수업, 서비스업처럼 경제와 생활에 각종 편의를 제공하는 분야도 모두 산업의 하나입니다.

그런데 우리나라에서는 이 산업에서 금융업을 뚝 떼어서 다른 산업과 분리하는 정책을 쓰고 있어요. 금융 자본인 은행은 일반 제조업이나 서비스업을 하지 말라, 일반 제조업체나 서비스업체는 은행을 운영하지 말라는 정책이죠. 이를 금산 분리라고 하는데요. 이런 정책은 왜 시행할까요?

금융 회사는 돈과 관련된 사업으로 돈을 벌어요. 은행은 개인이나 기업에 돈을 빌려주거나 고객이 맡긴 돈을 운용하는 사업을 합니다. 증권 회사는 개인이나 기업이 투자하고 싶은 주식을 사서 자금을 불릴 수 있게 도와주는 사업을 하고요. 이처럼 금융 회사는 고객이 맡긴 돈이나 외부에서 빌린 돈, 즉 채권을 발행해서 조달한 자금으로 영업해요. 그러니까 금융 회사는 자기 자본이 별로 없어도 남의 돈으로 사업을 하는 거예요.

만약 금산 분리 정책이 없다면 일반 기업들이 자회사로 은행을 만들어서 자기 자본이 아닌 고객 예금으로 금융 사업을 할 수 있게 됩니다. 금산 분리 상태에서는 은행들이 일반 기업들과 이해관계가 없기 때문에 대출을 신청한 기업이 사업을 잘해서 돈을 잘 갚을지 엄격하게 심사하거든요.

하지만 산업 자본이 금융 자본을 지배하면 기업은 계열사 은행에서 돈을 쉽게 빌려다 쓸 수 있어요. 돈을 구하기 쉬워지면 기업들은 사업성을 꼼꼼하게 따

금융 자본과 산업 자본을 분리하는 금산 분리 정책

지지 않고 무분별하게 투자하며 사업을 크게 벌일 수 있습니다. 그러면 계열 은행이 없는 다른 기업들은 상대적으로 자본을 조달하기 어려우니까 사업 여건에 차이가 생기겠죠. 게다가 계열 은행에서 돈을 빌려서 투자했다가 사업이 실패한다면, 이 기업에 돈을 빌려준 은행이 파산 위기에 처합니다. 그러면 이 은행에 돈을 맡긴 예금자가 큰 피해를 입을 수도 있을 거예요. 은행이 무너지면 여러 다른 기업과 가계도 줄줄이 피해를 입게 되지요. 은행 파산의 파급 효과가 한 나라의 경제 전반으로 퍼져나갈 수 있는 중대한 사안인 거죠. 우리나라 정부는 이를 고려해 일반 기업이 은행을 소유하지 못하도록 법으로 정해 놓았답니다.

하지만 이는 또 다른 부작용을 일으키기도 했어요. 외국에서 들어온 자본이 국내 금융 회사들의 지분을 사들이면서 국내 금융 산업에 대한 영향력을 강화하는 계기가 되었거든요. 그래서 이를 막을 수 있도록 금산 분리를 다소 완화해 국내 자본으로 우리나라 은행을 방어하자는 주장도 있어요. 또 금융과 산업이 결합하면 시너지 효과가 생길 수도 있다는 의견도 있죠. 이러한 주장들을 받아들여 금산 분리 기준이 완화되었어요. 현재 우리나라에서 산업 자본은 은행 지분을 4퍼센트까지만 보유할 수 있습니다.

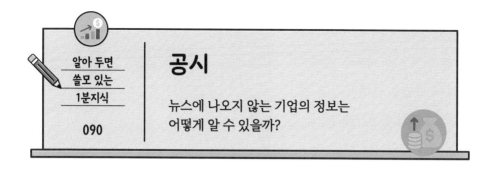

공시

뉴스에 나오지 않는 기업의 정보는
어떻게 알 수 있을까?

주식 시장에서는 수많은 기업의 주식이 거래됩니다. 주식 투자자는 어떤 기업의 실적이 엄청나게 좋아질 만한 소식을 확인하면 얼른 그 주식을 삽니다. 반대로 실적이 떨어질 것 같은 나쁜 소식이 나오면 갖고 있던 주식을 재빨리 팔아치울 거예요.

이처럼 상장 기업에서 벌어지는 여러 가지 일들은 그만큼 투자자에게 중요합니다. 그런데 투자자는 이런 소식을 어떻게 알 수 있을까요? 뉴스를 살펴보면 될까요? 하지만 상장 기업은 수천 곳이나 되기 때문에 언론에서 모든 상장 기업의 소식을 다 보도할 수는 없습니다. 그러면 뉴스에 나오지 않는 기업의 소식은 어떻게 확인해야 할까요?

이처럼 투자자들의 답답한 마음을 해소해 주는 제도가 바로 공시公示, disclosure입니다. 기업의 사업 내용이나 재무 상황, 영업 실적 등 기업의 이모저모를 투자자 등 이해관계자에게 알려 주는 제도지요. 공시의 한자를 풀어보면 뭔가를 '공개적으로 알려준다'는 뜻이에요. 영어 disclosure 역시 가려져 있던 것을 드러낸다는 뜻이지요.

미국에서는 1933년 「증권법securities act」과 1934년 「증권거래법the Securities and Exchange Act」에서 공시 관련 내용이 등장했어요. 이를 참고해서 우리나라와 일본도 공시 제도를 도입했어요.

기업 공시는 특히 주식 시장에서 필요합니다. 공시 제도는 기업이 주식의 가격과 거래 영향을 미칠 만한 중요한 정보를 법에 따라 신속·정확하게 공개하도록 규정하

기업의 이모저모를 투자자 등 이해관계자에게 알려 주는 공시 제도

고 있어요. 공정한 주식 가격을 형성하기 위해서입니다. 상장 기업에는 주주, 채권자, 투자자 등 여러 이해관계자가 있어요. 이들은 해당 기업이 사업을 잘하고 있는지 지켜보면서 그 기업에 투자도 하고 돈을 빌려주기도 하죠. 그래서 해당 기업에서 좋은 소식이 나오면 투자를 늘리거나 사업 자금을 더 빌려주고, 나쁜 소식이 이어지면 투자를 줄이거나 빌려준 사업 자금을 돌려받는 등으로 판단하는 데 공시를 중요한 정보로 이용합니다. 사업 내용, 재무 사항, 영업 실적, 경영진 교체, 자본의 변동, 신기술 개발, 신규 사업 진출 같은 경영 활동 정보 등이 공시에 포함되어야 해요.

상장 기업이 공시를 제대로 하지 않으면 제재를 받아요. 공시는 우리나라 법률로 규정되어 있기 때문이에요. '불성실 공시'의 유형으로는 신고 기한까지 공시하지 않는 공시 불이행, 이미 공시한 내용을 전면 취소하거나 부인하는 공시 번복, 기존에 공시한 내용을 일정 비율 이상 변경하는 공시 변동 등이 있어요. 공시를 불성실하게 한 상장 기업은 정도가 아주 심하지 않으면 주식 시장에서 일정 기간 거래를 못하게 하거나 관리 종목으로 지정해서 불이익을 줘요. 만약 불성실한 정도가 아주 심하면 주식 시장에서 아예 내보내는 상장 폐지라는 무서운 벌을 주기도 해요.

이런 공시 내용은 금융 감독원의 전자 공시 시스템 홈페이지에서 쉽게 찾아볼 수 있어요. 누구나 볼 수 있으니까 여러분도 한번 살펴보시겠어요?

전자 서명 인증

온라인으로 금융 거래를 할 때
신분은 어떻게 증명할까?

우리는 은행과 증권 회사 등에서 계좌를 만들어서 돈을 주고받는 거래를 합니다. 요즘에는 직접 금융 회사의 지점에 가지 않고 각자 PC나 스마트기기로 처리하는 경우가 많지요. 그래서 온라인으로 우리의 신분을 증명해야 합니다. 오프라인에서라면 그냥 주민 등록증, 운전면허증, 주민 등록 등본 같은 것을 보여 주면 되는데, 온라인에서는 그럴 수가 없죠. 그래서 등장한 것이 바로 전자 서명 인증electronic signature authentication이에요.

전자 서명 인증은 컴퓨터로 전자 서명 생성과 검증에 사용되는 한 쌍의 정보인 전자 서명 키를 공신력 있는 전문 인증 기관Certificate Authority, CA이 확인하는 거예요.

거래하는 은행 홈페이지의 인증 센터에서 전자 서명이 첨부된 인증서를 발급받을 수 있어요. 예를 들어 신지가 본인 이름, A은행의 계좌번호 등 개인 정보를 입력해서 인증서 발급을 신청합니다. 그러면 인증기관은 전자 서명 키 소유자의 이름, 유효 기간, 전자 문서 위변조 여부를 확인하고 이상이 없으면 인증서를 발급합니다. 신지가 이 인증서로 A은행에서 친구인 종민이의 계좌가 있는 B은행 계좌로 송금을 시도한다면, 수신자인 B은행은 전달된 전자 문서의 전자 서명을 인증서에 딸린 검증 키(공개 키)로 신지의 인증서가 맞는지 확인한 다음 종민이 계좌로 돈을 받아요.

은행에서는 보통 이 인증서를 금융 결제원을 통해서 발급받는 경우가 많아요. 이 인증서로 로그인하고 비밀번호를 입력하면 인터넷 같은 온라인상에서 본인임을 입

온라인에서 신분을 증명해야 할 때 금융 인증서가 필요하다

증할 수 있죠.

전자 서명 인증 서비스를 제공하는 주체인 인증 기관은 크게 공인 인증 기관과 사설 인증 기관으로 나뉘어요. 전에는 금융 결제원, 코스콤, 한국 정보 인증 같은 공인 인증 기관이 인증한 공인 인증서만 이용할 수 있었어요. 하지만 이제는 금융 회사나 포털 사이트에서 내려받는 금융 인증서로도 전자 서명 인증을 할 수 있습니다. 이에 따라 공인 인증서는 이제 공동 인증서로 이름이 바뀌었지요.

공동 인증서와 금융 인증서는 둘 다 이용자의 실명을 확인하고, 이용자의 개인 키로 생성한 전자 서명을 이용자의 공개 키로 검증합니다. 발급과 인증 체계는 동일하죠. 하지만 보관되는 방식은 달라요. 공동 인증서는 복사를 할 수 있어서 PC나 USB, 스마트폰 등 개인이 원하는 곳에 복사해 두고 사용할 수 있습니다. 금융 인증서는 발급 후 금융 결제원의 클라우드 저장소에만 보관해요. 즉 금융 인증서는 복사할 수 없어요. 인증이 필요할 때마다 금융 결제원 클라우드 저장소에 접속해서 여섯 자리 간편 비밀번호, 지문이나 얼굴 인식, 패턴 등으로 본인임을 확인하고 전자 거래 인증에 사용합니다. 그래서 금융 인증서는 인증서 도용이나 분실 우려가 없고 다양한 기기에서 자유롭게 이용할 수 있어요.

오픈 뱅킹

은행 앱 하나로 다른 은행 계좌까지
한번에 확인한다고?

요즘은 A은행 앱에서 B은행이나 C은행 등 다른 은행의 계좌에 잔액이 얼마 있는지를 확인하고 송금도 할 수 있습니다. 이렇게 모든 은행의 자금 이체와 조회 기능을 제공하는 금융 서비스를 오픈 뱅킹Open Banking이라고 해요. 이용자 입장에서는 여러 은행에 계좌가 있어도 은행마다 앱을 따로 설치하고 로그인해서 업무를 처리하지 않아도 되는 편리한 서비스입니다.

이러한 오픈 뱅킹 서비스는 얼마 전에 시작되었어요. 지난 2019년 12월 18일부터 전면 시행되었거든요. 오픈 뱅킹은 특히 금융 회사들만의 금융 데이터만을 공유하는 것이 아니라, 첨단 정보 기술을 기반으로 금융 서비스를 제공하는 핀테크 기업에게도 문을 열었다는 것이 특징이에요. 우리나라는 물론 해외 여러 나라에서도 은행 외 핀테크 기업 등이 은행 계좌 정보에 접근할 수 있도록 오픈 뱅킹을 통해 결제 시스템을 혁신하는 추세입니다. 금융 결제와 데이터 처리 방식의 혁신은 금융, 실물, 대외 기반 전반에 미치는 파급력이 적지 않기 때문에 큰 의미가 있는 변화랍니다.

여러 금융 회사 간에 주고받는 금융 정보이기 때문에 2016년부터 많은 금융 회사와 핀테크 기업, 금융 당국 관계자들이 함께 머리를 맞대고 오픈 뱅킹 서비스를 준비했다고 해요.

오픈 뱅킹은 은행권의 공개 응용 프로그래밍 인터페이스Open Application Programming Interface, Open API를 통해서 이루어지고 있어요. 오픈 API는 이용자가 다양한 서비스

오픈 뱅킹 서비스를 이용하면 모든 금융 정보를 한곳에서 확인할 수 있다

와 데이터를 보다 쉽게 이용할 수 있도록 공개한 표준화된 인터페이스입니다. 예를 들어 핀테크 기업이나 A은행의 결제망에서 B은행의 데이터가 필요합니다. 그러면 이 업체들이 오픈 API에 맞춰서 필요한 데이터를 보내 달라고 B은행에 요청해요. 이러한 요청을 받으면 B은행의 데이터가 필요한 업체에 자동으로 전송되는 방식이에요.

이처럼 특정 금융 회사의 데이터를 다른 금융 회사나 핀테크 기업들도 활용할 수 있게 되면서, 오픈 뱅킹은 은행권 정보와 연계된 새로운 금융 서비스가 생겨나는 토대가 되었어요.

오픈 뱅킹은 아주 편리한 제도지만 단점도 있어요. 만약 오픈 뱅킹으로 여러 은행 계좌를 연결해서 이용하고 있는데 해킹을 당하면, 한 번에 여러 금융 회사의 정보까지도 해킹될 수 있기 때문입니다. 또 내가 잃어버린 신분증으로 범죄자가 은행 계좌를 만든 다음 오픈 뱅킹으로 여러 금융 회사를 연결하면 또 사고 범위가 확대될 수 있겠지요. 물론 금융 회사들이 시스템적으로 보안에 신경을 많이 쓰겠지만, 우리도 일상에서 개인 신분증이나 온라인 개인 정보를 철저히 관리해야 해요.

이런 사고가 날 경우 소비자 피해를 줄일 수 있도록 모든 은행의 출금 이체 한도는 최대 1,000만 원으로 정해져 있어요. 예를 들어 A은행 앱에서 1,000만 원을 출금했다면 같은 날에 B은행 앱에서는 돈을 더 인출할 수 없답니다.

연말 정산

이미 낸 세금을 다시 돌려주기도 한다고?

회사에 취직을 하면 월급을 받습니다. 월급 명세서를 보면 한 달 동안의 급여 소득과 세금, 4대 보험 등 공제 항목과 그 금액이 기록되어 있습니다. 그 공제 금액을 제외한 나머지가 개인의 월급 통장 계좌로 들어와요. 월급에서 빠지는 세금은 직장에서 미리 계산한 다음 먼저 정부에 일괄적으로 납부합니다.

그런데 같은 회사 동료들이라도 사람마다 내야 하는 1년치 세금의 총액은 조금씩 다릅니다. 왜냐하면 부양가족 숫자나, 신용 카드 사용액, 기부금, 세액 공제(세금을 깎아 주는 것)를 받는 금융 상품 가입 여부 등에 따라 납부해야 하는 세금 액수가 다 다르거든요. 그래서 월급에서 미리 납부한 1년치 세금에서, 각자의 상황을 반영해 실제로 납부해야 하는 세액을 다시 계산해야 합니다.

그러다 보니 연말이 되면 월급을 받는 모든 직장인은 연간 세금을 다시 계산해 보는 연말 정산을 한답니다. 이렇게 계산한 결과, 세금을 더 많이 낸 사람은 이듬해 2월에 더 낸 만큼 돌려받아요. 만약 월급이 300만 원인데 더 낸 세금이 50만 원이면 이듬해 2월에는 급여 계좌에 350만 원이 들어오는 거죠. 하지만 막상 계산을 다시 해 보니 세금을 더 적게 낸 것으로 확인될 때도 있어요. 그러면 그만큼 세금을 추가로 더 내야 해요. 예를 들어 월급이 300만 원인데 세금을 50만 원 덜 낸 것으로 계산되었다면 이듬해 2월 급여는 250만 원만 받게 되죠.

세금을 깎아 주는 공제 항목에는 여러 가지가 있어요. 인적 공제(본인, 배우자, 부양가

세금을 더 많이 냈다면 연말 정산을 통해 환급받을 수 있다

족), 특별 공제(보험료, 의료비, 교육비, 주택 자금, 기부금 등), 연금 보험료 공제, 기타 소득 공제 (연금 저축, 신용 카드, 투자 조합 출자 등) 등이 있습니다.

그 밖에도 과세 정책에 따라 매년 조금씩 바뀌는 사항도 추가됩니다. 정부에서는 국가 운영에 바람직한 특정 사안에 대해 공제 혜택을 주는데요. 예를 들면 신용 카드를 많이 쓰는 경우, 대중교통을 많이 이용한 경우, 전통 시장을 많이 이용한 경우, 기부를 열심히 한 경우가 그렇죠. 또 월세를 내는 무주택자, 의료비를 많이 쓴 사람 같은 경우는 생활비 부담을 덜어 주는 차원에서 세금을 깎아 줘요.

직장인이면 누구나 연말 정산을 해야 합니다. 매년 하는데도 항상 복잡하고 헷갈릴 때가 많아요. 하지만 세금 혜택을 더 잘 받을 수 있도록 각 항목을 미리 잘 챙기면 돌려받는 세금이 많아지니까 귀찮거나 바쁘다고 대충 넘기지 않는 게 좋아요.

여러분도 한번 생각해 보세요. 해마다 2월에는 아빠가 다른 달에 비해 치킨을 더 많이 사주셨나요? 아마 연말 정산으로 돌려받은 세금이 적지 않았을 때는 더 사주셨을 것이고, 오히려 세금을 더 내야 했다면 치킨을 덜 사주셨을 거예요.

마이 데이터

나에게 딱 맞는 금융 상품은
어떻게 찾을 수 있을까?

여러분은 마이 데이터my data라는 말을 들어 보았나요? 이는 글자 그대로 '나의 정보'를 의미합니다. 이곳저곳에 나뉘어 있는 개인의 금융 정보를 나 스스로 직접 관리하고, 필요하다면 이 종합 정보를 플랫폼 업체에 맡겨서 맞춤형 금융 서비스를 받는 것입니다. 법률 용어로는 본인 신용 정보 관리업이라고 해요.

스마트 기기로 이런 맞춤형 금융 서비스 앱에 접속하면 여러 은행, 증권 회사, 보험 회사, 신용 카드 회사 등에 흩어져 있던 금융 자산을 한눈에 볼 수 있어요. 이를 바탕으로 나의 소비 패턴, 재무 현황을 분석해서 확인할 수 있어요. "당신은 비슷한 연령대들보다 소비를 30퍼센트 많이 합니다" "당신은 또래에 비해 금융 자산이 50퍼센트 많습니다" 같은 정보를 알 수도 있죠. 소비 성향과 신용 상태 등에 맞춰서 적당한 금융 상품, 신용 카드 등을 추천받을 수도 있습니다. 그러면 우리는 추천받은 상품들의 혜택과 가성비 등을 비교해서 선택할 수 있고요.

핀테크 시대에 들어선 후로 은행, 증권, 보험, 신용 카드 등 전통적인 금융 회사들과 빅테크 기업들이 치열하게 경쟁하고 있습니다. 마이 데이터는 여기에 일반 기업들까지 도전장을 던진 거예요. 이제 개인의 모든 금융 거래 정보와 소비 정보까지 묶어서 새로운 서비스를 제공하는 시대가 된 거죠.

마이 데이터 서비스의 영역은 계속 확대되고 있어요. SNS, 위치 정보, 의료 정보

마이 데이터 서비스로 내 모든 금융 정보를 관리할 수 있다(출처: 마이 데이터 종합포털)

등까지 추가되면 더욱 의미 있는 서비스를 제공받을 수 있겠죠. 「신용 정보의 이용 및 보호에 관한 법률 시행령」에 따르면 마이 데이터 사업자에게는 계좌 정보, 대출 정보, 신용 카드 정보, 보험 정보, 금융 투자 상품 정보, 증권 상품 정보, 전자 지급 수단 관련 정보(전자 화폐 정보, 결제 정보 등) 등을 제공합니다. 이런 정보들을 개인이 특정 마이 데이터 플랫폼에 보내 달라고 각 기업에 요청하면 플랫폼 업체가 이를 받아서 서비스를 만들어냅니다. 이제 마이 데이터를 모아 놓은 앱 하나면 나에 대한 모든 정보를 한 번에 확인할 수 있어요. 앞으로는 개별 금융 회사나 빅테크 기업의 홈페이지나 앱을 일일이 방문하지 않아도 됩니다.

흩어진 개인 정보를 한데 모으는 서비스이기 때문에 보안 사고 우려도 있습니다. 이에 금융 당국은 마이 데이터 사업을 하려면 허가를 받도록 정해 두었어요. 일정 기준을 통과한 기업만 사업을 할 수 있는 거죠. 또 정보를 주고받는 것도 더 안전하게 바꾸었어요. 전에는 사업자들이 고객을 대신해 금융 회사 홈페이지에 접속해 필요한 정보를 읽어오는 방식(스크린 스크래핑screen scraping)을 이용했어요. 그런데 2022년 1월 5일에 마이 데이터 서비스를 전면 도입한 다음부터는 안전성이 훨씬 높은 API 방식으로만 정보를 주고받을 수 있게 되었습니다.

청소년의 주식 투자, 괜찮을까?

_자연스런 경제 공부 vs 불안한 자제력

여러분은 주식 투자를 해본 경험이 있나요? 만약 주식에 투자한다면 어떤 종목을 사고 싶은가요? 이와 관련해 재미있는 조사 결과가 있어서 소개합니다. 삼성증권이 지난 2023년 1월에 낸 보도자료에 따르면, 청소년 10명 가운데 6명은 세뱃돈을 예금보다는 주식에 투자하고 싶다고 답했습니다.

고객 9,629명과 17~19세 청소년 300명을 대상으로 온오프라인 설문조사를 한 결과인데 생각보다 주식을 선택한 비율이 높아서 놀랐습니다. 아무튼 이 조사에서 청소년들은 세뱃돈으로 투자하고 싶은 해외 주식 종목으로 애플(35%), 알파벳(23%), 테슬라(20%), 아마존(7%) 등을 골랐답니다. 여러분의 생각도 비슷한가요?

현재 미성년자는 혼자서는 주식 거래 계좌를 개설할 수 없는데, 자녀에게 주식 계좌를 만들어주는 부모가 꽤 많다고 합니다. 특히 최근 1~2년 사이에 제도적 여건이 청소년 주식 투자에 우호적으로 바뀌면서 이런 경향이 더욱 강화된 것 같습니다.

먼저 2022년 9월에 도입된 소수점 주식 거래 제도가 있어요. 이것은 주식을 0.1주, 0.2주 등 소수점 단위로 거래할 수 있는 제도입니다. 지금까지는 삼성전자 주식을 1주 단위로만 사고팔 수 있었지만 이제는 0.1주도 살 수 있는 거죠. KB증권이 집계한 자료에 따르면, 이 소수점 거래 고객의 10.5퍼센트가 10대 이하 투자자였다고 해요(국내 소수점 거래 투자자의 약 75퍼센트는 KB증권 고객). 적지 않죠?

또한 2023년 5월부터는 부모님이 모바일로 쉽게 자녀 명의로 주식 계좌를 개설할 수 있게 됐어요. 전에는 자녀의 인감과 신분증명서 등을 챙겨서 직접 증권사 오프라인 지점에 찾아가

주식 투자를 할 때는 중독되지 않도록 주의해야 한다

야만 계좌를 개설할 수 있었는데, 번거로움이 사라진 거죠.

주식 투자를 일찍 시작하는 데 따른 장점이라면 경제와 투자에 대해 자연스럽게 공부할 수 있다는 것입니다. 투자할 종목을 고르는 과정에서 경제와 산업, 주식시장에 대해 공부하게 되니까요. 또 투자를 일찍 시작할수록 오랫동안 복리 효과를 누릴 수 있어서 수십 년 후 좋은 성과를 거둘 가능성도 높아지고요.

하지만 단점도 있어요. 자칫하면 잦은 주식 거래에 중독될 우려가 있기 때문인데요. 어른들도 단타 거래에 빠져서 헤어나오지 못하는 경우가 있는 만큼, 아직 자제력을 충분히 기르지 못한 청소년이라면 더 위험할 수도 있어 유의해야 합니다.

주식 투자는 은행에서 예금, 적금을 하는 것에 비해 난이도가 매우 어렵다는 점도 기억해야 합니다. 최악의 경우 원금을 전부 날릴 수도 있으니까요. 본인 성향에 따라 원금 손실을 견디지 못하는 안전주의자는 주식 투자를 하지 않는 게 좋아요. 주식 투자에 도전하고 싶다면 본인의 투자 성향을 잘 따져보세요. 그리고 도전할 때는 부모님과 상의하면서 손실 위험을 줄여야 합니다.

9장

금융의 미래

- ☑ 핀테크
- ☐ 가상 자산
- ☐ 블록체인
- ☐ 로보어드바이저
- ☐ NFT
- ☐ 조각투자

×

 ×

 ×

핀테크

IT 기술이 금융 서비스와 만나면 어떤 일이 생길까?

핀테크라는 말은 대부분 들어 보았을 거예요. 금융finance과 기술technology을 합한 단어지요. 2014년 말 무렵부터 언론에서 언급하기 시작했습니다. 당시에도 웬만한 금융 거래는 모두 디지털 기기로 처리할 수 있었는데, 굳이 핀테크라는 말은 왜 등장했을까요?

금융은 사실 신기술을 적극 활용해 왔어요. 은행의 ATM, 인터넷 뱅킹과 모바일 뱅킹, 증권 회사의 홈 트레이딩 시스템home trading system, HTS, 모바일 트레이딩 시스템mobile trading system, MTS 등을 생각해 보세요. 이런 서비스는 IT로 혁신한 것이기는 하지만, 금융 회사 지점에 찾아온 고객에게 제공하던 업무를 디지털화한 것뿐입니다.

2014년의 변화는 좀 달랐어요. IT 기업들이 다른 방식으로 금융 서비스에 접근한 결과물이었거든요. 즉 기존 금융권의 IT 서비스는 금융권 내부 혁신이었지만, 핀테크는 IT 기업들이 외부에서 시작한 혁신이었죠.

핀테크 회사들은 빅 데이터big data, 인공지능artificial intelligence, AI, 기계 학습(머신 러닝machine learning) 등의 기술을 활용해서 수수료가 없거나 아주 적은 비용만으로도 간편하게 송금, 결제, 대출, 외환 거래, 자산 관리 등 여러 금융 서비스를 이용할 수 있는 방법을 개발했어요.

핀테크의 여러 영역 가운데 가장 친숙한 것은 간편결제입니다. 카카오페이, 네이버페이, 페이코, 삼성페이, 애플페이 같은 간편결제는 많은 사람이 거의 매일 이용하고 있을 정도지요. 간편결제 서비스를 등록해 두면 물건을 살 때 비밀번호를 입력하거나 지문 인식, 얼굴 인식 등으로 쉽게 결제할 수 있습니다. 간편결제가 없을 때는 온라인 결제를 할 때마다 보안 프로그램을 내려받고 복잡한 인증 과정을 거쳐야 했어요.

FINANCIAL TECHNOLOGY

금융 서비스의 혁신을 가져온 핀테크

간편 송금도 생활 속에 깊숙이 들어왔지요. 토스, 카카오페이 등의 간편 송금 서비스를 이용하면 받는 사람의 계좌번호를 몰라도 휴대폰 번호나 카카오톡 아이디만 알고 있으면 송금할 수 있어요.

카카오뱅크, 케이뱅크, 토스뱅크 같은 인터넷 은행도 핀테크 기업입니다. 기존 시중 은행들은 오프라인 지점을 수백 곳씩 운영하고 있지만 인터넷 은행은 오프라인 지점 없이 온라인 앱으로만 서비스하지요. 인터넷 은행들은 이용자가 사용하기 편리하게 만든 뱅킹 앱, 귀여운 캐릭터가 응원해 주는 26주 적금, 이자를 먼저 받는 예금 등을 만들면서 기존 은행들에게 신선한 자극을 주고 있어요.

많은 사람들이 적은 돈을 투자해서 큰 자금을 만든 다음 상품에 투자하는 크라우드 펀딩crowd funding 플랫폼도 핀테크 기업들이 운영해요. 크라우드 펀딩 중에서도 대출형의 경우에는 은행에서 대출받기 어렵지만 그렇다고 고금리 대부업체에서 돈을 빌리고 싶지는 않은 사람들이 은행과 대부업체의 중간 정도 이자로 돈을 빌릴 수 있도록 돕습니다.

핀테크 기업들은 기존 금융 회사들이 더 분발하고 변화하도록 자극을 주고 있어요. 앞으로 이들의 영향을 받아 어떤 새로운 금융 서비스가 등장할지 궁금해지네요.

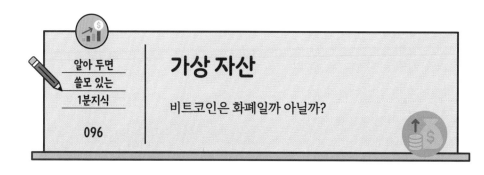

알아 두면
쓸모 있는
1분지식

096

가상 자산

비트코인은 화폐일까 아닐까?

어느새 비트코인, 암호 화폐Cryptocurrency 같은 용어가 많은 사람에게 익숙해졌습니다. 처음 비트코인이 등장했을 때만 해도 매우 낯선 개념이었거든요. 비트코인, 이더리움Ethereum 같은 것을 과거에는 디지털 화폐, 암호 화폐, 가상 화폐라고 부르기도 했는데, 지금은 각국 정부나 중앙은행에서 '가상 자산'이라는 용어로 통일하는 추세랍니다. 화폐의 성격이 없다는 것을 강조하기 위해서라고 해요. 가상 자산은 쉽게 말해 지폐나 동전 같은 실물 없이 컴퓨터 등에 정보 형태로 존재하면서 온라인에서만 거래되는 자산입니다.

원, 달러, 유로 같은 일반적인 화폐는 각국 정부나 중앙은행이 발행하지요. 이와 달리 가상 자산은 처음 고안한 사람이 정한 규칙에 따라 가치를 매겨요. 또한 일반 화폐는 정부나 중앙은행에서 거래 내역을 관리하지만 가상 자산은 관리 주체가 따로 없어요. 분산형 시스템이 특징인 블록체인Blockchain 기술을 바탕으로 유통되기 때문인데요. 그러다 보니 그 가치나 지급 가능성이 보장되지 않아요.

블록체인의 분산형 시스템에 참여하는 사람, 즉 채굴자들은 블록체인 처리에 대한 보상으로 코인 형태의 수수료를 받습니다. 이러한 구조로 가상 자산이 거래되기 때문에 자산을 발행하는 데 생산 비용이 들지 않아요. 주고받을 때 수수료도 없습니다. 컴퓨터 하드디스크 등에 저장하니까 창고 같은 곳에 보관할 필요도 없고, 해킹당하는 경우를 제외하면 도난이나 분실할 우려도 거의 없어요. 가치 저장 수단으로 보년 상당한 장점이 있는 거죠.

하지만 거래의 비밀성이 보장되다 보니 사회적으로는 부작용이 있습니다. 바로 마약 거래, 도박, 비자금 조성 등 불법 거래에 쓰일 가능성이 높다는 것입니다. 또 과세하기도 어려워서 탈세의 도구가 될 우려도 있어요.

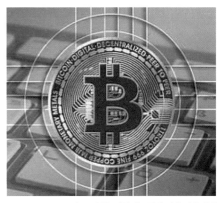
비트코인은 가장 대표적인 가상 자산이다

가상 자산에 투자하는 펀드가 몇 년 전 미국에서 등장해서 주식 시장에서 거래되고 있을 정도로 많은 사람이 가상 자산에 투자하고 있어요. 하지만 아직 세계적으로 가상 자산을 공식적인 화폐나 금융 자산으로 인정하지는 않는 분위기입니다. 한마디로 비트코인은 화폐가 아닙니다. 이는 투자자를 보호하기 위한 제도를 제대로 정비하지 못했다는 뜻이기도 합니다.

예를 들면 우리나라에서 기업이 한국 거래소에 주식을 상장시키려면 3년 이상 지속적으로 순이익을 내야 하고, 선진화된 경영 시스템을 갖춰야 하는 등 엄격한 기준을 통과해야 합니다. 또 상장 후에도 투자자를 위해 각종 공시, 사업 보고서 발표 등 여러 가지 규정을 지켜야 하고요. 하지만 가상 자산은 이보다 훨씬 간단한 기준만 충족하면 어렵지 않게 가상 자산 거래소에 상장할 수 있어요. 투자자를 위한 보호 장치가 약한 거죠.

특히 가상 자산은 부동산이나 주식과 달리 그 가치를 정확하게 계산하기가 어려워요. 이처럼 가상 자산은 만만하게 보고 투자할 만한 대상이 아니므로 가상 자산에 투자할 때는 매우 조심해야 합니다.

블록체인

은행 없이도 금융 시스템이 유지될까?

우리가 누군가에게 송금을 하려면 중간에 은행을 거쳐야 합니다. 특히 해외에 있는 사람에게 송금하는 경우라면 송금은 물론이고 환전 수수료까지 내야 하지요. 하지만 은행 없이 해외에 있는 사람에게 직접 송금할 수 있다면 어떨까요? 수수료를 아낄 수는 있겠지만 안전하게 전달될지 알 수 없어서 불안할 거예요.

블록체인은 바로 이에 대한 해결책으로 등장했어요. '은행 없는 세계 금융 시스템'을 구현한 것이라고 할 수 있지요. 사실 블록체인은 금융 외에도 매우 다양한 분야에서 활용되는 기술이지만, 출발점이 비트코인이라는 가상 자산이기 때문에 그 개념을 이해할 필요가 있답니다.

블록체인 기술은 나카모토 사토시中本哲史라는 사람이 2008년 세계 금융 위기 사태를 보면서 중앙집권화된 금융 시스템의 위험성을 극복하기 위해 개인 간 거래peer to peer, P2P가 가능한 방법으로 고안했습니다. '블록에 데이터를 담아서 사슬 형태로 연결한 다음, 수많은 컴퓨터에서 이를 동시에 복제해 저장하는 분산형 데이터 저장 기술'이라고 할 수 있는데요. 2009년 1월 사토시는 블록체인 기술을 적용해 최초의 암호 화폐인 비트코인을 구현하지요.

금융 거래에서 중요한 것은 돈이 오간 기록인 거래 장부입니다. 은행, 신용 카드 회사 등 금융 회사들은 이 기록을 안전하게 보관하려고 복잡한 인적·물적 보안을 유지하기 위해 힘쓰지요. 은행 서버를 보호하려고 건물 내에 보관하면서 각종 보안 장

비와 프로그램을 설치하고 경비원과 보안 담당 전문가도 고용합니다.

하지만 사토시는 은행 같은 중앙 집권적인 관리 기관 없이 '모든 비트코인 사용자가 거래 기록을 함께 관리한다'는 개념을 떠올렸어요. 즉 모든 비트코인 사용자가 P2P 네트워크에 접속해 똑같은 거래 장부 사본을 나눠 갖고 각자의 컴퓨터에 보관하는 겁니

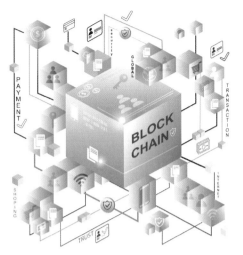

블록체인 기술은 중앙 집권적 금융 기관의 중개 없이 개인 간 거래를 가능하게 만든다

다. 이들은 10분마다 거래 장부를 최신 상태로 갱신해요. 이때 장부에는 과반수가 인정한 거래 내역만 기록하는데요. 사용자 중 일부가 장부를 조작하지 못하도록 만든 조치입니다. 이렇게 10분마다 생성되는 거래 내역의 묶음이 블록block입니다. 블록체인은 이 블록이 모인 거래 장부 전체를 뜻하고요. 비트코인은 처음 만들어진 2009년 1월부터 지금까지 이뤄진 모든 거래 내역을 블록체인 안에 쌓아 두고 있어요.

블록체인의 등장은 중앙 집권적 기관이 많은 자원을 들여 운영하던 서비스(금융 거래, 인터넷 도메인 운영 등)를 P2P 네트워크의 힘으로 수월하게 이용할 수 있는 토대를 마련했다는 점에서 큰 의미가 있어요.

블록체인은 전자 결제, 디지털 인증을 비롯해서 화물 추적 시스템, P2P 대출, 원산지부터 유통까지 전 과정 추적, 예술품 진위 여부 감정, 위조 화폐 방지, 전자 투표, 전자 시민권 발급, 차량 공유, 부동산 등기부 관리, 병원 간 공유되는 의료 기록 관리 등 신뢰가 필요한 분야라면 어디에나 활용할 수 있답니다.

알아 두면
쓸모 있는
1분지식

098

로보어드바이저

자산을 관리해 주는 AI 집사가 있다고?

2023년에 챗지피티chat Generative Pre-trained Trabnsformer, chat GPT라는 똑똑한 AI가 등장하면서 전 세계가 많은 변화를 겪고 있어요. 사실 자산 관리 분야에서는 AI가 훨씬 전부터 존재감을 드러냈지요. 바로 로보어드바이저robo-advisor라는 서비스입니다.

로보어드바이저는 로봇robot과 투자 전문가advisor의 합성어입니다. 금융 회사에서 고객의 자산 관리를 도와주는 전문가를 프라이빗 뱅커private banker, PB라고 합니다. 로보어드바이저는 고도화된 알고리즘과 빅데이터 분석으로 구현한 AI가 이 PB의 역할을 대신해 주는 것입니다.

이를 금융 회사의 서비스 상품으로 표현하면 모바일 기기나 PC로 포트폴리오를 관리해 주는 온라인 자산 관리 서비스지요. 금융 회사 홈페이지나 앱을 통해 우리가 투자할 자산 규모, 투자 기간, 위험 감수 수준, 투자하고 싶은 지역, 투자 자산 유형, 은퇴 시기 등 여러 가지 정보를 입력하면 AI가 적당한 자산 배분 전략을 짜 준답니다.

기존 금융 회사 PB 서비스는 으리으리하게 꾸며 놓은 오프라인 지점에서 소수의 부자 고객만 받을 수 있었어요. 하지만 로보어드바이저는 수많은 고객에게 온라인으로 서비스를 제공하기 때문에 수수료가 저렴하고 몇 십만 원 정도의 적은 투자 금액으로도 서비스를 받을 수 있어요. 또한 개인별 맞춤형 자산 관리도 가능하지요. 로보어드바이저는 시간과 장소에도 제한이 없어요. 굳이 금융 회사 지점에 안 가도 되고, 금융 회사 직원 근무 시간에 맞춰 상담받을 필요도 없으니까요.

AI 자산 관리자 로보어드바이저

실제 사람인 PB는 투자 판단을 할 때 주관적일 수밖에 없지요. 시장 상황을 잘못 판단를 할 수도 있고 고객 돈을 빼돌린다든가 하는 부정도 저지를 수 있어요. 하지만 로보어드바이저는 입력된 데이터와 알고리즘을 통해 AI가 그야말로 기계적으로 처리하지요. AI는 투자 경험을 계속 업데이트하면서 발전하고 있어요. 완벽하지 않은 알고리즘을 보완하기 위해 실제 인간 전문가가 조금씩 개입하는 경우도 있지만요.

우리나라의 로보어드바이저는 핀테크 기업들을 중심으로 도입되었습니다. 로보어드바이저 핀테크 회사가 앱을 출시해서 독자적으로 서비스하기도 하고, 은행이나 증권 회사, 자산 운용사 등 전통적인 금융 회사들과 손잡고 로보어드바이저 서비스를 제공하기도 해요.

로보어드바이저 시장은 아직 초기 단계입니다. 금융 위기 같은 심각한 변수에 대처하는 능력도 아직은 확실하게 검증되지 않았고요. 로보어드바이저가 기존 금융 회사의 경험 많은 PB나 자산 운용 전문가들을 대체할 정도가 되려면 아직도 시간이 많이 필요해 보여요. 하지만 저비용의 맞춤형 자산 관리 서비스라는 장점이 분명하기 때문에 발전 가능성이 크답니다.

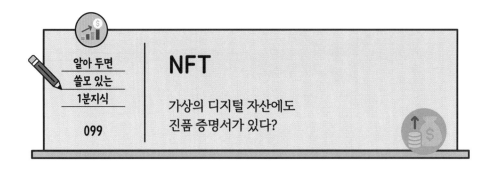

NFT

가상의 디지털 자산에도
진품 증명서가 있다?

간혹 기업들이 NFT(대체 불가능 토큰Non-fungible Token)를 발행했다거나 NFT가 비싼 값에 팔렸다는 뉴스를 볼 수 있습니다. NFT는 일종의 가상 진품 증명서입니다. 비싼 물건을 구입하면 진품 증명서를 함께 받는 경우가 있죠. NFT는 이를 디지털로 만든 거예요. 하지만 디지털 파일은 똑같이 복사하기 쉬운데, 내가 받은 NFT가 가짜인지 진짜인지 어떻게 확인할까요?

이쯤에서 복습할 개념이 바로 블록체인입니다. 앞에서 블록체인이란 '블록에 데이터를 담아서 사슬 형태로 연결한 다음 수많은 컴퓨터에서 이를 동시에 복제해 저장하는 분산형 데이터 저장 기술'이라는 것을 살펴보았죠. NFT는 이 블록체인 기술을 이용해서 디지털 자산의 소유주를 증명하는 가상의 토큰token(징표, 증서)입니다. 그림이나 영상 같은 디지털 파일의 주소를 블록체인 기술을 적용한 토큰에 담아서 거래 내역을 블록체인에 영구적으로 남길 수 있어요. 그래서 NFT는 동일품이 존재할 수 없는 주민등록증과 비슷합니다.

그런데 블록체인 기술로 만든 비트코인 같은 가상 자산은 수천 개를 동일한 가치로 교환할 수 있잖아요. 이는 처음에 만들 때부터 대체 가능한 토큰으로 설계했기 때문이에요. 한국은행이 일련번호가 다른 1만 원짜리 지폐를 100장 찍어도 그 가치는 모두 동일한 것과 마찬가지입니다.

하지만 NFT는 제작자가 원하는 대로 개수를 제한할 수 있어요. 딱 1개만 만들 수

다양한 마켓 플레이스에서 NFT 작품을 사고팔 수 있다

도 있고, 한정판으로 100개, 500개 등으로 제작 물량을 조절할 수 있어요. 그림이나 영상 같은 예술 작품이나 온라인 게임의 아이템들, 또 온오프라인에서 물건을 사면 고객에게 한정판 사은품으로 NFT를 만들기도 해요.

NFT는 디지털 제품이라서 관리, 보존, 보관에 큰 부담이 없습니다. 실물 조각상이나 그림은 실제로 보관할 장소가 필요하지만, 디지털 파일은 그냥 온라인상에만 존재하지요. 또 실물 예술 작품은 도난을 당하거나 관리를 못해서 흠집이 날 수도 있어요. 물론 디지털 파일도 파일이 훼손되거나 데이터가 날아갈 우려가 있긴 해요. 하지만 NFT로 꼬리표를 달아 놓은 디지털 자산은 소유자와 거래 내역이 블록체인에 영구적으로 남아 있기 때문에 상대적으로 안전합니다.

이러한 NFT는 새로운 투자 대상으로 주목받고 있어요. 하지만 등장한 지 오래되지 않았기 때문에 관련 제도가 이제 차례차례 마련되고 있죠. 우리 금융 당국은 지난 2023년 2월에 토큰 증권token security 관련 제도에 대한 가이드가인을 발표했는데요. 자본 시장 제도의 투자자 보호 장치 내에서 토큰 증권을 발행하고 유통할 수 있도록 한다고 합니다. 앞으로 더욱 구체적인 법안이 제정되고 시행되면 보다 안심하고 NFT에 투자할 수 있는 여건이 마련될 거예요. 관심 있게 지켜보면 좋겠네요.

조각 투자

단돈 5,000원으로 건물주가 되는 방법은?

여러분은 혹시 TV나 인터넷에서 가요 저작권의 일부를 사서 투자하는 플랫폼 광고를 본 적이 있나요? '뮤직카우musicow'라는 이 플랫폼에서는 원하는 음악의 저작권 지분을 살 수 있어요. 보유한 지분만큼 매달 저작권료를 받을 수 있고요. 가요 저작권 1주당 가격은 5,000원대에서부터 30만 원대까지 다양해요. 물론 팔고 싶을 때 다시 팔 수도 있고, 내가 구입했을 때보다 값이 올랐다면 차익도 남길 수 있지요.

이렇게 음악 저작권의 지분 일부를 사고파는 것을 조각 투자fractional investment라고 해요. 그런데 이 같은 투자 구조를 어디선가 들어본 것 같지 않나요? 맞아요. 주식 투자와 비슷해요. 기업의 소유권을 표시한 증서가 주식이고, 주식을 100주 발행한 기업이라면 1주당 회사에 대한 소유 비율이 1퍼센트입니다. 발행한 주식은 시장에서 사고팔 수 있고요. 조각 투자도 마찬가지입니다.

조각 투자 대상은 꽤 다양해요. 음악, 미술품, 부동산, 고가의 가방이나 시계, 한우, 영화, 전시, 공연, 보석 등에 대한 소유권을 쪼개서 투자할 수 있어요. 음악 저작권을 주로 다루는 뮤직카우처럼 대상마다 전문적으로 취급하는 조각 투자 플랫폼들이 있답니다.

부동산 조각 투자 플랫폼에서는 최소 5,000원인 지분을 사면 수십억 원대 건물의 건물주가 될 수 있어요. 보유 중인 건물에서는 3개월마다 지분율에 따라 건물 임대료에 대한 배당 수익을 받을 수 있어요.

소유권을 쪼개서 부담을 낮춰 투자할 수 있는 조각 투자

　미술품도 마찬가지예요. 앤디 워홀Andy Warhol, 키스 해링Keith Haring, 이우환, 김환기 등 유명한 작가들의 작품에 투자할 수 있지요. 이런 작가들의 작품은 가격이 수십억 원대지만 조각 투자로는 1,000원 단위로 투자할 수 있습니다.

　심지어 한우도 조각 투자를 할 수 있어요. 조각 투자 플랫폼에서 투자자들의 자금으로 송아지를 사서 농장에 맡겨서 키웁니다. 다 자라면 경매로 팔고 그 수익금을 지분율에 따라 나누어 받는 방식이에요.

　조각 투자는 비교적 최근에 등장한 투자 유형이지요. 아직 제도가 충분히 정비되지 않았기 때문에 조심해서 투자해야 합니다. 미술품, 한우, 영화 등 일부 조각 투자 상품은 경기 순환에 따른 영향을 크게 받는다는 지적이 있어요. 또 중개 플랫폼 회사들이 제공하는 투자 정보의 신뢰성도 검증되지 않았고요. 전문가들은 수익률이 높고 비싼 자산에는 대개 기관 투자자들이 먼저 투자하기 때문에, 조각 투자까지 투자 기회가 오는 자산이라면 수익률이 낮을 가능성이 높다고 말합니다.

　아직은 미흡하지만 조각 투자 관련 제도는 앞으로 개선될 전망이에요. 금융 당국에서 블록체인 기술을 활용해 토큰 증권을 발행, 유통하는 것security token offering, STO을 허용하는 등 관련 제도를 마련하고 있거든요. 제도가 정비되면 투자자 보호를 강화하고 거래 내역을 투명하게 관리할 수 있을 것으로 기대합니다.

빨라지는 금융의 디지털화와 소외되는 사람들
_디지털 금융 디바이드

2016년 칸 영화제에서 황금종려상을 받은 켄 로치 감독의 영화 〈나, 다니엘 블레이크, Daniel Blake〉에서는 직장을 잃은 중년 남성인 다니엘이 실직 수당을 신청하려고 합니다. 그런데 온라인으로만 구직 활동을 해야 한다는 걸 알고 어려움을 겪습니다. 젊은 사람에게는 아주 간단한 것이지만 디지털에 익숙지 않은 그에게는 생존의 위협으로 연결되지요.

디지털 시대로 접어들면서 생활이 많이 편리해지고 있어요. PC와 스마트폰 등 디지털 기기로 은행 거래나 투자를 집에서 편리하게 처리하고 있고요. 하지만 이는 동시에 디지털 능력이 부족한 사람들에게는 점점 불편해지는 것입니다. 금융의 디지털화는 필연적으로 디지털 디바이드digital divide 현상을 일으키기 때문이지요.

정보와 디지털 능력을 갖춘 집단과 그렇지 않은 집단 사이의 차이가 벌어지는 현상을 디지털 디바이드 또는 디지털 격차라고 합니다. 이를 금융 분야로 한정한 것이 디지털 금융 디바이드입니다. 이는 디지털 세상에서만 불편한 수준에 그치지 않고 사회적·경제적 불평등으로까지 이어질 수 있기 때문에 가볍게 생각하면 안 됩니다.

특히 최근 몇 년 동안은 코로나-19 사태로 재택근무가 확대되고, 화상 회의 앱을 많이 사용하며, 배달 앱을 훨씬 더 많이 쓰고, 음식점에서는 키오스크kiosk로 주문하는 등 디지털화가 더욱 강화되고 있어요. 디지털 소외 현상을, 더이상 새로운 문물을 거부하는 특정 계층의 문제만으로 볼 수 없는 시대가 된 것입니다.

마우스 사용이 낯선 영화 〈나, 다니엘 블레이크〉의 주인공

우리나라의 계층별 디지털 정보화 수준을 보면, 일반인과 비교해서 고령층은 69.9퍼센트, 농어민은 78.9퍼센트, 장애인은 82.2퍼센트, 저소득층이 95.6퍼센트라고 합니다(과학기술정보통신부, 디지털 정보 격차 2022년 실태 조사, 2023년 3월 발표). 디지털화가 일반인과 동일하지 않은 사람들은 그만큼 디지털화에 따른 혜택을 누리지 못한다는 뜻이지요.

정부는 이를 해결하기 위해 많은 노력을 기울이고 있어요. 디지털 취약 계층의 어려움을 파악해서 맞춤형 서비스를 제공하거나 디지털 서비스를 경험하고 익힐 수 있는 기회를 제공하기도 하지요.

특히 금융 서비스의 디지털화는 금융 회사들이 비용 절감을 위해 어쩔 수 없이 진행해야 하는 측면이 있어요. 하지만 이 때문에 디지털 취약 계층을 금융 소외자로 만들 수 있어요. 디지털 소외층은 소득, 나이, 장애, 거주 특성, 교육 격차 등 때문에 금융 앱이나 온라인 금융 서비스를 제대로 이용하지 못하거든요. 코로나19 사태로 인해 디지털 사회로 급속하게 전환되면서 디지털 취약 계층은 금융에서 더욱 소외될 우려가 있습니다. 그들이 사회적 조건 때문에 사회에서 소외되지 않도록 적절한 대책이 마련되길 바랍니다.

참고 문헌

매체 기사

KB증권, 「글로벌 투자 대가: 분산의 귀재 레이 달리오, 올웨더 포트폴리오의 비밀」 2022. 12. 28.

강종구, 「소로스, "약한 달러 정책은 실패할 것"」 『이데일리』 2003. 5. 21.

강환국, 「투자 빙하기에 수익 내는 '올웨더 포트폴리오' 비밀」 『신동아』 2022 11. 8.

금융 위원회 비은행 감독국, 「'사금융피해신고센터' 설치 2주년 성화 및 시사점」 2003, 5, 23.

김성배, 「전두환 은닉 재산 추적, 사실상 수사 개시」 『내일신문』 2013. 7. 24.

김신회, 「워런 버핏의 '영웅' … 존 보글 뱅가드그룹 설립자 별세」 『아주경제』 2019. 1. 17.

김인엽, 「"물이 빠져야 누가 알몸 수영하는지 안다" … 월가 거물의 경고」 『한국경제』 2023. 5. 15.

박준형, 「회사채 호황에 신평사도 웃었다 … 평가 수수료 수익 급증」 『연합인포맥스』 2023. 3. 10.

박혜연, 「코로나 위기, 세계 경제 고꾸라지는 데 30일 걸렸다」 『뉴스1』 2020. 3. 21.

유혜림, 「주식 소수점 거래, 투자 나이 문턱 낮췄다 … 10명 중 1명 '10대'」 『헤럴드경제』 2023. 6. 26.

이기정, 「청소년 세뱃돈 투자, 예금성 자산보다 주식 선호」 『데일리한국』 2023. 1. 17.

재정경제부, 「신용 불량자 계속 감소 … 정상 수준 회복」 2006. 05. 10.

정현수, 「신용 회복한 카드사 "제2의 카드 대란 없다"」 『머니투데이』 2012. 4. 25.

조용철, 「사법 60년: IMF 이후 기업·개인도산 사건 대변화」 『파이낸셜뉴스』 2010. 1. 17.

최명수, 「워런 버핏도 피터 린치도 투자 원칙은 '장기 분산 투자'」 『한국경제』 2010. 4. 18.

한상춘, 「이슈 진단: 윔블던 효과」 『한국경제』 2006. 4. 1.

황정일, 「'마통' 신용 대출 앱서 5분이면 OK, 핀테크 경쟁이 대출 키워」 『중앙SUNDAY』 2021. 9. 24.

Bram Berkowitz, "Marks Recommends Taking This Unorthodox Approach", *The Motley Fool*, 2023. 7. 13.

도서

고이즈미 히데키 지음, 김하경 옮김, 『거장들의 투자 공식: 12인의 투자자에게 배우는 투자 원칙』 이레미디어, 2017.

로널드 챈 지음, 김인정 옮김, 『가치투자자의 탄생』 에프엔미디어, 2022.

로렌 템플턴·스콧 필립스 지음, 김기준 옮김, 『존 템플턴의 가치 투자 전략』 비즈니스북스, 2009.

앙드레 코스톨라니 지음, 한윤진 옮김, 『돈, 뜨겁게 사랑하고 차갑게 다루어라』 미래의창, 2015.

이찬근 지음, 『금융경제학 사용설명서』 부키, 2013.

존 C. 보글 지음, 서정아 옮김, 『존 보글 가치 투자의 원칙: 왜 인덱스 펀드인가』 해의시간, 2021.

차현진 지음, 『금융 오디세이』 메디치미디어, 2021.

토니 로빈스 지음, 조성숙 옮김, 『Money: 부의 거인들이 밝히는 7단계 비밀』 알에이치코리아, 2015.

피터 린치·존 로스차일드 지음, 이건 옮김, 『전설로 떠나는 월가의 영웅: 주식 투자에서 상식으로 성공하는 법』 국일증권경제연구소, 2021.

홍익희 지음, 『영원한 금융 황제 로스차일드』 홍익인간, 2012.